जीन शार्प

जीन शार्प (21 जनवरी, 1928–28 जनवरी, 2018) एक अमेरिकी राजनीति विज्ञानी थे। वे *अल्बर्ट आइंस्टीन इंस्टीट्यूशन* के संस्थापक थे, जो एक ग़ैर-लाभकारी संगठन है और अहिंसक कार्रवाई के अध्ययन को आगे बढ़ाने के लिए समर्पित है। उन्हें अहिंसक संघर्ष पर व्यापक लेखन के लिए जाना जाता है, जिन्होंने दुनिया-भर में कई सरकार विरोधी आन्दोलनों को प्रभावित किया। शार्प को 2015 में *नोबेल शान्ति पुरस्कार* के लिए नामित किया गया था, और इससे पहले तीन बार 2009, 2012 और 2013 में नामांकित किया गया था। 2012 के पुरस्कार के लिए शार्प को व्यापक रूप से पसन्दीदा माना गया था। 2011 में उन्हें *एल-हिबरी शान्ति शिक्षा पुरस्कार* से सम्मानित किया गया। 2012 में अहिंसक प्रतिरोध के मूल सिद्धान्तों और रणनीतियों को विकसित करने तथा दुनिया-भर में संघर्ष क्षेत्रों में व्यावहारिक कार्यान्वयन का समर्थन करने के लिए *राइट लाइवलीहुड अवार्ड* प्राप्त हुआ; साथ ही साथ विशिष्ट *लाइफ़टाइम डेमोक्रेसी अवार्ड* भी। उन्होंने अपनी मातृ संस्था ऑहियो स्टेट विश्वविद्यालय और ऑक्सफ़ोर्ड विश्वविद्यालय में अपनी पढ़ाई की तथा मेसाचुसेट्स विश्वविद्यालय डार्टमाउथ व हार्वर्ड विश्वविद्यालय में अध्यापन किया।

अनिल यादव 'जयहिन्द'

अनिल यादव 'जयहिंद' पेशे से एक चिकित्सक एवं अस्पताल प्रशासक हैं। दिल्ली विश्वविद्यालय के यूनिवर्सिटी कॉलेज ऑफ़ मेडिकल साइंसेज से एम.बी.बी.एस. और इंदिरा गांधी राष्ट्रीय मुक्त विश्वविद्यालय से पी.जी.डी.एच.एच.एम.। कामगारों के लिए ई.एस.आई. कॉरपोरेशन के अस्पतालों और योजनाओं के सुधार के लिए वाजपेयी सरकार में श्रम मंत्रालय द्वारा बनी समिति के सदस्य रहे। 'नेताजी सुभाष का आह्वान' पुस्तक के लेखक और राजकमल प्रकाशन से प्रकाशित अरुंधति रॉय की पुस्तक 'एक था डॉक्टर, एक था संत' के अनुवादक हैं। वर्तमान में सामाजिक-राजनीतिक कार्यकर्ता के रूप में सक्रिय हैं।

तानाशाही से लोकशाही

अहिंसक संघर्ष द्वारा मुक्ति का वैचारिक ढाँचा

जीन शार्प

अनुवाद

अनिल यादव 'जयहिन्द'

राजकमल पेपरबैक्स

मूल कृति *From Dictatorship To Democracy* का हिन्दी अनुवाद

राजकमल पेपरबैक्स में
पहला संस्करण : 2020
दूसरा संस्करण : 2022

राजकमल पेपरबैक्स : उत्कृष्ट साहित्य के जनसुलभ संस्करण

राजकमल प्रकाशन प्रा. लि.
1-बी, नेताजी सुभाष मार्ग, दरियागंज
नई दिल्ली-110 002
द्वारा प्रकाशित

शाखाएँ : अशोक राजपथ, साइंस कॉलेज के सामने, पटना-800 006
पहली मंज़िल, दरबारी बिल्डिंग, महात्मा गांधी मार्ग, प्रयागराज-211 001
36 ए, शेक्सपियर सरणी, कोलकाता-700 017

वेबसाइट : www.rajkamalprakashan.com
ई-मेल : info@rajkamalprakashan.com

यश प्रिंटोग्राफिक्स
ग्रेटर नोएडा-201 310 (उत्तर प्रदेश)
द्वारा मुद्रित

मूल्य : ₹ 250

TANASHAHI SE LOKSHAHI
by Gene Sharp
Translated by Anil Yadav 'Jaihind'

ISBN : 978-93-89598-71-1

क्रम

भूमिका

कई वर्षों से मेरी प्रमुख चिन्ताओं में से एक यह रही है कि आम आदमी तानाशाही को कैसे अवरुद्ध और नेस्तनाबूद कर सकते हैं? मेरी इस चिन्ता का कारण मेरी मान्यता और मेरा दृढ़ विश्वास है कि ऐसे शासन मनुष्यों पर हावी न हो सकें और न ही उन्हें बर्बाद कर सकें। मेरी मान्यता को मज़बूती मिली है मेरे 'मानव स्वतंत्रता के महत्त्व' विषय के अध्ययन से; विभिन्न तानाशाही शासनों की प्रकृति के अध्ययन से; अरस्तू से लेकर आज तक विश्लेषकों द्वारा किए गए अधिनायकवाद के विश्लेषणों से; तानाशाही शासनों के इतिहास, विशेषकर नाज़ी और स्टालिनी व्यवस्थाओं के अध्ययन से।

बरसों से मैं उन लोगों से मिलता-जुलता रहा हूँ जिन्होंने नाज़ी शासन को ख़ुद भोगा है और ज़ुल्मों के शिकार हुए हैं। मैं उन लोगों से भी मिला जो यातना-शिविरों में रहे और भीषण यातनाएँ झेलीं। नॉर्वे में मैं उन लोगों से भी मिला जिन्होंने फासीवादी शासन का पुरज़ोर विरोध किया और फिर भी ज़िन्दा बचे रहे, और मैंने उनके बारे में भी सुना जो विरोध करते हुए मर मिटे। मैंने उन लोगों से भी बातचीत की जो नाज़ियों के चंगुल में फँसने के

बावजूद आज़ाद बच निकले और उनसे भी, जिन्होंने इन लोगों की बच निकलने में मदद की थी।

विभिन्न देशों कम्यूनिस्ट शासन के आतंक का ज्ञान, व्यक्तिगत सम्पर्कों की तुलना में, किताबों से ज़्यादा लिया गया गया है। इन व्यवस्थाओं का आतंक मुझे और भी हृदयविदारक लगा चूँकि इन तानाशाहियों को जनता पर 'उत्पीड़न और शोषण' से मुक्ति के नाम पर थोपा गया था।

हाल ही के दशकों में तानाशाहीशासित देशों जैसे पनामा, पोलैंड, चिली, तिब्बत और बर्मा से मिलने आए व्यक्तियों के माध्यम से, वर्तमान की तानाशाही की वास्तविकताओं को और अच्छी प्रकार से जानने का मौक़ा मिला। उन तिब्बतियों से, जो चीनी कम्यूनिस्टों की ज़ोर-ज़बरदस्ती के विरुद्ध लड़े, उन रूसियों से जिन्होंने 1991 के हार्ड लाइन तख़्तापलट को परास्त किया और उन थाई लोगों से जिन्होंने अहिंसात्मक तरीक़ों से सैन्य शासन की वापसी को अवरुद्ध किया था। मन-मस्तिष्क को परेशान कर देनेवाली तानाशाही की कपटी प्रवृत्ति के परिप्रेक्ष्य को मैंने गहराई से समझा है।

क्रूरता के ख़िलाफ़ मेरी करुणा और आक्रोश की भावना तथा बहादुर नर-नारियों के अविश्वसनीय शान्त पराक्रमी वीरतापूर्ण नेतृत्व के प्रति मेरी श्रद्धा को और मज़बूती मिली, जब मैंने उन स्थानों का दौरा किया, जहाँ ख़तरे अभी भी ज़्यादा थे, लेकिन उसके बावजूद बहादुर लोगों द्वारा *राजनीतिक अवज्ञा* लगातार जारी थी। इन स्थानों में शामिल थे, नोरिएगा द्वारा शासित पनामा; लगातार सोवियत दमन में पिसता विल्नियस, लिथुआनिया; बीजिंग का तिअनानमेन चौक दोनों समय में—आज़ादी के जश्न के दौरान और उस अभागी रात को जब बख़्तरबन्द गाड़ियों की पहली क़तार ने प्रवेश किया; और 'मुक्त बर्मा' के मनेरप्ला जंगल स्थित मुख्यालय में।

कई बार मैंने पराजित स्थानों की भी यात्रा की जैसे विल्नियस की टेलीविज़न मीनार और क़ब्रिस्तान; रिगा के सार्वजनिक पार्क जहाँ लोगों को गोलियों से भून दिया गया था; उत्तरी इटली में फेर्रा के बीचोंबीच जहाँ फासीवाद के सामने अड़ जानेवाले विरोधियों को एक लाइन में खड़ा करके गोलियों से छलनी कर दिया गया था; और मनेरप्ला का एक साधारण-सा नज़र आनेवाला क़ब्रिस्तान जो उन लोगों की लाशों से पटा पड़ा था, जो बहुत ही छोटी उम्र में काल का ग्रास बने। यह एक बेहद दुखी कर देनेवाला अहसास है कि हर तानाशाही अपने पीछे मौत और बर्बादी के खँडहर छोड़कर जाती है।

इन्हीं चिन्ताओं और अनुभवों से यह उम्मीद जगी कि ज़ुल्म और ज़्यादतियों की रोकथाम शायद सम्भव है; कि तानाशाही के ख़िलाफ़, बड़े पैमाने पर एक-दूसरे की मार-काट किए बिना भी, सफलतापूर्वक संघर्ष किया जा सकता है; तथा तानाशाही को नेस्तनाबूद किया जा सकत है। और इसके साथ-साथ तानाशाही की राख से किसी नई तानाशाही की उत्पत्ति को भी रोका जा सकता है।

मैंने बहुत ध्यान से उन अधिकतम प्रभावी तरीक़ों के बारे में सोचने-विचारने का प्रयास किया है जिनके द्वारा कम-से-कम कष्टों और जान-माल के नुक़सान के साथ तानाशाही को विघटित किया जा सके। इसके लिए मैंने तानाशाही-प्रतिरोध आन्दोलनों, क्रान्तियों, रजनीतिक विचारों, सरकारी प्रणालियों और विशेष रूप से यथार्थवादी अहिंसक संघर्षों आदि विषयों के अपने बरसों के अध्ययन से एक सोच पैदा की है और कुछ निष्कर्ष निकाले हैं।

यह प्रकाशन इसी सब का नतीजा है। मैं यह स्वीकार करता हूँ कि यह शत-प्रतिशत सम्पूर्ण और परिपूर्ण नहीं है; लेकिन फिर भी यह मुक्ति आन्दोलनों को और अधिक प्रभावशाली और

अधिक प्रबल बनाने के विषय में सोचने और योजना बनाने में सहायक अवश्य होगा तथा कुछ दिशा-निर्देश भी प्रदान करेगा।

आवश्यकतानुसार और जानबूझकर भी, इस निबन्ध का केन्द्रीय ध्यान-बिन्दु, तानाशाही को नष्ट करने और उसकी राख पर एक नई तानाशाही के उदय को रोकने की सामान्य, व्यापक और आम समस्या पर है। मैं किसी देश-विशेष के लिए कोई विस्तृत विश्लेषण और नुस्ख़ा देने में सक्षम नहीं हूँ। हालाँकि यह मेरी उम्मीद है कि यह सामान्य और आम विश्लेषण उन बहुत सारे देशों के लोगों के लिए उपयोगी साबित हो सकता है, जो दुर्भाग्य से, वर्तमान में तानाशाही शासन की कड़वी वास्तविकताओं का सामना कर रहे हैं, उसे झेल और भुगत रहे हैं। उन्हें अपनी विशेष परिस्थितियों के अनुसार इस विश्लेषण की वैधता की जाँच करने की आवश्यकता होगी। उन्हें देखना और परखना होगा कि किस हद तक, उनके मुक्ति संघर्षों में, इस निबन्ध की प्रमुख सिफ़ारिशों को लागू किया जा सकता है।

इस विश्लेषण में मुझे कहीं नहीं लगता कि तानाशाहों को ठेंगा दिखाना एक आसान काम है या फिर बिना कोई क़ीमत चुकाए यह सम्भव भी है। सभी प्रकार के संघर्षों में जटिलताएँ होती हैं और सभी प्रकार के संघर्षों में क़ीमत चुकानी पड़ती है। तानाशाहों के विरुद्ध संघर्ष में जानो-माल का नुक़सान तो हर हाल में होकर रहेगा। उस नुक़सान को पूर्णतः समाप्त नहीं किया जा सकता। हालाँकि यह मेरी उम्मीद है कि यह विश्लेषण प्रतिरोध और मुक्ति-संघर्ष के नेताओं को उन रणनीतियों पर विचार करने के लिए प्रेरित करेगा जो जान-माल के स्तर को अपेक्षाकृत कम करते हुए अपने संघर्ष की प्रभावी शक्ति को बढ़ा सके।

इस विश्लेषण का यह अर्थ क़तई नहीं है कि जब कोई तानाशाही समाप्त हो जाती है तो अन्य सभी मसले हल हो जाते हैं। एक शासन का पतन, धरती पर स्वप्नलोक नहीं उतार लाता।

बल्कि यह कड़ी मेहनत और दीर्घकालीन प्रयासों के द्वार खोलता है, जिसके द्वारा नए न्यायप्रिय सामाजिक, आर्थिक और राजनीतिक रिश्तों का निर्माण किया जा सके। यह अन्याय और उत्पीड़न के अन्य रूपों के उन्मूलन के भी मार्ग खोलता है। यह मेरी उम्मीद और विश्वास है कि तानाशाही को कैसे विघटित और नेस्तनाबूद किया जाए, इसके लिए यह संक्षिप्त निबन्ध उन सभी लोगों के लिए उपयोगी होगा जो वर्चस्व के अधीन जीवन जी रहे हैं और वर्चस्व की बेड़ियों को काटकर मुक्त होने की इच्छा रखते हैं।

—जीन शार्प

अल्बर्ट आइंस्टीन इंस्टीट्यूशन
बोस्टन, मस्साचुस्सेट्स

तानाशाही से लोकतंत्र तक
पुस्तक का संक्षिप्त इतिहास

तानाशाही से लोकतंत्र तक स्वर्गीय यू टिन मोंग विन के अनुरोध पर लिखा गया था। श्री विन एक प्रमुख निर्वासित लोकतंत्रवादी बर्मी थे जो उस समय *खित प्यांग* पत्रिका (द न्यू इरा जर्नल) के सम्पादक थे। यह किताब अहिंस्क संघर्ष, तानाशाही, अधिनायकवादी व्यवस्था, प्रतिरोध आन्दोलनों, राजनीतिक सिद्धान्त, समाजशास्त्रीय विश्लेषण और अन्य विषयों पर चालीस वर्षों के शोध और लेखन पर आधारित थी। मैं बर्मा को भली प्रकार से नहीं जानता था, इस कारण मैं एक ऐसा विश्लेषण नहीं लिख सकता था, जिसमें केवल बर्मा पर ही ध्यान केन्द्रित किया गया हो। इसीलिए मुझे एक सामान्य विश्लेषण लिखना पड़ा।

यह निबन्ध मूल रूप से बैंकॉक, थाईलैंड में बर्मी और अंग्रेज़ी भाषा में, *खित प्यांग* पत्रिका में क़िस्तों में प्रकाशित किया गया था। बाद में इसे दोनों भाषाओं (1994) और फिर से (1996 और 1997) बर्मा में एक किताब के रूप में जारी किया गया। बैंकॉक से मूल किताब का संस्करण बर्मा में लोकतंत्र की बहाली के लिए बनी समिति की सहायता से जारी किया गया

था। यह बर्मा के अन्दर और बर्मा के बाहर रह रहे निर्वासितों व सहानुभूति रखनेवालों के बीच में दोनों को चोरी-छुपे प्रसारित किया गया। यह विश्लेषण केवल बर्मा में लोकतंत्रवादियों और बर्मा के विभिन्न जातीय समूहों द्वारा उपयोग के लिए था, जो रंगून में बर्मन प्रभुत्व वाली केन्द्रीय सरकार से स्वतंत्रता चाहते थे। (बर्मन, बर्मा में प्रमुख जातीय समूह है।)

मैंने तब इसकी कल्पना भी नहीं की थी कि जनरल फोकस के साथ लिखा गया यह निबन्ध किसी भी देश की तानाशाही सरकार के सन्दर्भ में प्रासंगिक हो सकता है। ऐसा बहुत से लोगों को लगता है क्योंकि हाल के वर्षों में उन्होंने इसे अपने-अपने देशों में अनूदित और वितरित करने की माँग की है। कई लोगों का यह भी कहना है कि इसे पढ़कर ऐसा लगता है मानो यह उनके ही देश के लिए लिखा गया है।

रंगून में एसएलओआरसी की सैन्य तानाशाही ने इसके प्रकाशन की कड़ी निन्दा करने में ज़रा भी समय बर्बाद नहीं किया। 1995 और 1996 में इस निबन्ध पर भारी आलोचनात्मक हमले किए गए और बाद के वर्षों में समाचार-पत्रों, रेडियो और टेलीविज़न में यह हमले जारी रहे। 2005 के अन्त तक, किसी व्यक्ति के पास इस प्रतिबन्धित प्रकाशन को पाए जाने पर उसे सात वर्ष के कठोर कारावास का दंड दिया जाता था।

यद्यपि अन्य देशों में इसके उपयोग के लिए प्रकाशन को बढ़ावा देने के लिए कोई प्रयास नहीं किए गए, लेकिन प्रकाशन का अनुवाद और वितरण ख़ुद-ब-ख़ुद फैलने लगा। इंडोनेशिया के एक छात्र द्वारा इसे बैंकॉक की एक किताबों की दुकान के शो विंडो में देखा गया, उसने इसे ख़रीदा और इसे अपने घर इंडोनेशिया ले गया। वहाँ इसका इंडोनेशियाई भाषा में अनुवाद किया गया और 1997 में एक प्रमुख इंडोनेशियाई प्रकाशक ने इसे प्रकाशित किया और इसका प्रस्तुतीकरण अब्दुर्रहमान वाहिद

द्वारा किया गया। वे उस समय दुनिया के सबसे बड़े मुस्लिम संगठन, नादलातुल उलेमा के प्रमुख थे, जिसके साढ़े तीन करोड़ सदस्य थे और बाद में वे इंडोनेशिया के राष्ट्रपति भी बने।

इस समय के दौरान, अल्बर्ट आइंस्टीन इंस्टीट्यूशन में मेरे कार्यालय में हमारे पास बैंकॉक वाली अंग्रेज़ी भाषा की केवल मुट्ठी-भर फ़ोटोकापियाँ थीं। कुछ वर्षों तक हमें इसकी फ़ोटोकापियाँ बनानी पड़ीं। बाद में, कैलिफ़ोर्निया के मारेक ज़ेलस्किविज उन प्रतियों में से एक को बेलग्रेड ले गए, जब सर्बिआ में मिलोसेविक का दौर चल रहा था और उन्होंने इसे सिविक इनिशिएटिव्ज़ नामक संस्था को दे दिया। उन्होंने इसका सर्बिआ भाषा में अनुवाद किया और इसे प्रकाशित किया। जब हमने मिलोसेविक के पतन के बाद सर्बिआ का दौरा किया, तो हमें बताया गया कि यह किताब प्रतिरोध आन्दोलन में बहुत असरदार रही थी।

अमेरिकी सेना के सेवानिवृत्त कर्नल रॉबर्ट हेल्वे ने हंगरी के बुडापेस्ट में, 'अहिंसक संघर्ष की प्रकृति और क्षमता' विषय पर सर्बिआ के बीस नौजवानों के लिए जो कार्यशाला आयोजित की थी, वह भी काफ़ी महत्त्वपूर्ण साबित हुई थी। हेल्वे ने उन्हें 'द पॉलिटिक्स ऑफ़ नॉन-वायलेंट एक्शन' (अहिंसक कार्रवाई की राजनीति) की प्रतियाँ भी दीं। ये वो लोग थे जिन्होंने 'ओटपोर!' संगठन बनाया, अहिंसक संघर्ष का नेतृत्व किया और अन्ततः मिलोसेविक का पतन किया। हम सच में नहीं जानते कि इस प्रकाशन के बारे में जागरूकता एक देश से दूसरे देश और फिर अन्य देशों में कैसे फैल गई है।

'फ्रॉम डिक्टेटरशिप टु डेमोक्रेसी' (तानाशाही से लोकतंत्र तक) एक गूढ़ विश्लेषण है जिसे पढ़ना इतना आसान नहीं है। फिर भी इसको इतना महत्त्वपूर्ण माना गया कि इसे तीस से अधिक भाषाओं में अनूदित किया गया।

इस प्रकाशन का अनुवाद निम्नलिखित भाषाओं में है : अम्हारिक (इथियोपिया), अरबी, अज़ेरी (अज़रबैजान), बहासा इंडोनेशिया, बेलारूसी, बर्मी, चिन (बर्मा), चीनी (सरलीकृत और पारम्परिक मंडारिन), धिवेही (मालद्वीप), फ़ारसी (ईरान), फ्रेंच, जॉर्जियाई, जर्मन, जिंग पाव (बर्मा), करेन (बर्मा), खमेर (कम्बोडिया), कुर्द, किर्गिज़ (किर्गिस्तान), नेपाली, पश्तो (अफ़ग़ानिस्तान), रूसी (रशिया), सर्बियाई, स्पेनिश, तिब्बती, तिग्रीन्या (इरीट्रिया), यूक्रेनी, उज़बेक (उज़्बेक़िस्तान) और वियतनामी। कई अन्य भाषाओं में भी अनुवाद चल रहा है।

समाजों और भाषाओं की ज़बरदस्त विविधता, जिनमें यह पुस्तक अनूदित हुई है, सिद्ध करती है कि जिस व्यक्ति का भी इस दस्तावेज़ से वास्ता पड़ा है, उसने इस किताब को अपने समाज के लिए प्रासंगिक पाया है।

—जीन शार्प

जनवरी, 2008
अल्बर्ट आइंस्टीन इंस्टीट्यूशन
बोस्टन, मस्साचुस्सेट्स

अनुवादकीय

स्वतंत्रता, लोकतांत्रिक और संवैधानिक अधिकार हर इनसान के पैदायशी हक़ हैं। दुनिया के उन अभागे हिस्सों में जहाँ की जनता किसी दमनकारी तानाशाही शासन से उत्पीड़ित है, वह मुक्ति कैसे प्राप्त करे? वो कौन-सा तरीक़ा है जिसके द्वारा कम से कम जानो-माल के नुक़सान से मुक्ति प्राप्त की जा सकती है और एक लोकतांत्रिक व्यवस्था स्थापित की जा सकती है? किसी तानाशाही शासन को जनता की शक्ति से और अहिंसक संघर्ष द्वारा कैसे ध्वस्त किया जा सकता है? जीन शार्प, जिन्हें चार बार नोबेल शांति पुरस्कार के लिए नामित किया गया, और दुनिया के लगभग सभी बड़े पुरस्कारों से सम्मानित किया गया, समकालीन अहिंसक संघर्ष के जनक माने जाते हैं। हालाँकि कुछ आलोचकों ने जीन शार्प पर दक्षिणपंथी ताकतों का एजेंट होने का आरोप भी लगाया, लेकिन तत्काल उनके समर्थन में नोम चॉम्स्की और हावर्ड ज़िन जैसे जाने-माने वामपंथी लेखक आ खड़े हुए और उन्होंने इन आरोपों का पुरज़ोर विरोध किया। इन्होंने जीन शार्प के कामों की भूरि-भूरि प्रशंसा भी की।

तीस से अधिक भाषाओं में अनूदित इस पुस्तक को, दुनिया के हर कोने में तानाशाही से लड़ रहे लोकतंत्रवादी, अपना मूल

ग्रन्थ मानते हैं। सर्बिआ, तिब्बत, बर्मा, थाईलैंड, इंडोनेशिया, ईरान, नेपाल, चीन जैसे अनेकों देशों के लोकतंत्रवादी इस किताब के नक़्श-ए-क़दम पर चल कर सफ़लतापूर्वक अहिंसक संघर्ष कर चुके हैं या कर रहे हैं। बर्मा में प्रतिबंधित इस किताब को अपने पास रखने की सज़ा सात साल क़ैद-ए-बामुशक्कत रही है। जीन शार्प का कहना है, "रणनीतिक अहिंसक संघर्ष कुल मिलाकर राजनीतिक शक्ति के विषय में है—कैसे कम से कम जानो-माल के नुक़सान से, राजनीतिक शक्ति पर लोकतंत्रवादियों द्वारा नियंत्रण किया जाए? और कैसे तानाशाही शासन को राजनीतिक शक्ति से वंचित रखा जाए? इस पुस्तक का विषय यही है।" इस पुस्तक में दिए गए सिद्धांत नागरिक अधिकारों को प्राप्त करने के संघर्ष में भी बराबर के उपयोगी व प्रभावशाली हैं और कमज़ोरों को अपने संवैधानिक अधिकार पाने का अहिंसक मार्ग भी बताते हैं। वे सभी व्यक्ति जिनकी रुचि सामाजिक और राजनीतिक संघर्षों में है, जो न्याय, समता, बन्धुत्व में यक़ीन करते हैं, उन सभी सामाजिक, राजनीतिक कार्यकर्ताओं, नेताओं और पत्रकारों के लिए यह पुस्तक बड़े काम की चीज़ है। न्यूयॉर्क टाइम्स ने इस किताब के बारे में लिखा है, "इस किताब ने पूरी दुनिया के तानाशाही-विद्रोहियों को प्रेरित किया है।"

हमारा देश महात्मा बुद्ध और भगवान महावीर का देश है, जिन्होंने पूरे संसार को सत्य, न्याय और अहिंसा का पाठ पढ़ाया। कहीं न कहीं, महात्मा बुद्ध और भगवान महावीर के विचारों से भी प्रेरित इस पुस्तक को हिन्दी में अनूदित करना ज़रूरी था, ताकि बुद्ध और महावीर की धरती के हिन्दीभाषी आम जनसाधारण तक यह किताब पहुँच सके। और वे भी अपने संवैधानिक अधिकारों को प्राप्त करने का लोकतांत्रिक संघर्ष और बेहतर व असरदार तरीके से कर सकें।

इस पुस्तक को लिखने की प्रेरणा मुझे मेरे जीवन पर अमिट छाप छोड़ने वाले तीन शख़्सियतों से मिली। मेरे पिताश्री स्वतंत्रता सेनानी कप्तान सुरजन सिंह यादव, जो सोलह वर्ष की आयु में, सोलह रुपए महीने की तनख़्वाह पर अंग्रेज़ों की ब्रिटिश इंडियन आर्मी में भर्ती हुए, लेकिन आगे जाकर उनको नेताजी सुभाष चन्द्र बोस की आज़ाद हिन्द फ़ौज में शामिल होने का परम सौभाग्य प्राप्त हुआ। जीवन-भर, 98 वर्ष की आयु तक नेताजी सुभाष की देशभक्ति और समाजवादी विचारों के प्रसार में लगे रहे। श्री साहिब सिंह वर्मा, दिल्ली के भूतपूर्व मुख्यमंत्री, जो जीवन भर ग्रामीणों, किसानों के लिए संघर्ष करते रहे। शरद यादव जी, जिन्होंने अपनी पूरी ज़िन्दगी समाजवादी विचारों पर चलते हुए बिताई।

उम्मीद करता हूँ कि आप न केवल इसे पढ़ेंगे, बल्कि विभिन्न मंचों, सोशल मीडिया आदि पर इसकी चर्चा और समीक्षा भी करेंगे।

—अनिल यादव 'जयहिन्द'

अक्टूबर, 2019
नई दिल्ली

एक

तानाशाही का व्यावहारिक तौर पर सामना करना

हाल के वर्षों में, बाहरी और आन्तरिक मूल के विभिन्न तानाशाही शासन, जब-जब विद्रोही लामबन्द जनता से टकराए हैं, तब-तब या तो तानाशाही शासन ध्वस्त हुए हैं, या फिर बुरी तरह से लड़खड़ा गए हैं। अक्सर मज़बूत गहरी जड़ों वाले और अभेद्य समझे जानेवाले तानाशाही शासन, जनता द्वारा समेकित ठोस राजनीतिक, आर्थिक और सामाजिक अवज्ञा का सामना करने में पूरी तरह से अक्षम साबित हुए हैं। सन् 1980 के बाद, कई देशों में तानाशाही शासन, जनता के अहिंसक अवज्ञा आन्दोलन से टकराकर परास्त हुए हैं, जैसे एस्टोनिया, लिथुआनिया, लातविया, पोलैंड, पूर्वी जर्मनी, चेकोस्लोवाकिया और स्लोवेनिया, मडागास्कर, माली, बोलीविया और फ़िलीपींस। इसके अलावा, अहिंसक प्रतिरोध ने, कई देशों में लोकतंत्रीकरण के आन्दोलन को आगे बढ़ाने का काम किया है, जैसे नेपाल, जाम्बिया, दक्षिणी कोरिया, चिली, अर्जेंटीना, हैती, ब्राजील, उरुग्वे, मलावी, थाईलैंड, बुल्गारिया, हंगरी, नाइजीरिया और सोवियत संघ के कई भागों में (अगस्त 1991 की हार्ड-लाइन तख़्तापलट के प्रयासों को पराजित करने में भी महत्त्वपूर्ण भूमिका अदा की)।

इसके अलावा, हाल ही के वर्षों में, चीन, म्यांमार और तिब्बत में, जनसाधारण द्वारा 'राजनीतिक अवज्ञा'[1] की गई है। हालाँकि इन संघर्षों ने सत्तारूढ़ तानाशाही या उनके क़ब्ज़े का अन्त तो नहीं किया, लेकिन ऐसे संघर्षों ने कम-से-कम उन दमनकारी शासनों की क्रूर प्रकृति का विश्व-समुदाय के सम्मुख पर्दाफ़ाश ज़रूर किया है और साथ ही वहाँ की स्थानीय जनता को इस प्रकार के संघर्षों का 'बहुमूल्य अनुभव' भी दिया है।

---

1. इस सन्दर्भ में प्रयोग किया जानेवाला शब्द रॉबर्ट हेल्वे द्वारा सर्वप्रथम पेश किया गया था। 'राजनीतिक अवज्ञा' (Political Defiance) एक अहिंसक संघर्ष है (विरोध प्रदर्शन, असहयोग और हस्तक्षेप), जिसे राजनीतिक उद्देश्यों के लिए चुनौतीपूर्ण और सक्रिय रूप से किया जाता है। 'अहिंसक संघर्ष' को जब, शान्तिवाद और नैतिक या धार्मिक 'अहिंसा' के साथ जोड़कर देखा जाने लगा तो इस भ्रम और विरूपण को समाप्त करने के लिए 'राजनीतिक अवज्ञा' शब्द का जन्म हुआ। 'राजनीतिक अवज्ञा' का अर्थ है, सुविचारित ढंग से, जानबूझकर, राज-सत्ता की अवज्ञा करना, अवहेलना करना, उसे ठेंगा दिखाना या उसकी उपेक्षा करना; अर्थात् आदेश या आज्ञा न मानने की दी जानेवाली चुनौती, जिसमें समर्पण के लिए कोई स्थान नहीं है। 'राजनीतिक अवज्ञा' उस वातावरण का वर्णन करता है जिसमें कार्रवाई राजनीतिक होती है और उसका उद्देश्य राजनीतिक शक्ति प्राप्त करना होता है। इस शब्द का उपयोग मूल रूप से, राजसत्ता की शक्ति के स्रोतों पर हमला करके और सुविचारित रणनीतिक योजना और संचालन का उपयोग करके, सरकारी संस्थानों पर तानाशाही नियंत्रण को समाप्त कर फिर से लोकतांत्रिक शक्तियों के नियंत्रण में लाना होता है। इस निबन्ध में, राजनीतिक अवज्ञा, अहिंसक प्रतिरोध और अहिंसक संघर्ष, तीनों समान अर्थों में प्रयोग किए गए हैं; हालाँकि बाद के दो पदों का प्रयोग आम तौर पर वृहत उद्देश्यों (सामाजिक, आर्थिक, मनोवैज्ञानिक, आदि) के लिए भी होता है।

ऐसा नहीं है कि तानाशाही के पतन से उपरोक्त नामित देशों व समाजों की बाक़ी सभी समस्याओं का अन्त हो गया हो। ग़रीबी, अपराध, नौकरशाही की अक्षमता और पर्यावरण विनाश जैसी समस्याएँ प्रायः क्रूर शासनों से विरासत में मिलती हैं। लेकिन इन तानाशाहियों के पतन से कम-से-कम उत्पीड़न के शिकार पीड़ितों की पीड़ा का अन्त ज़रूर हो जाता है। साथ-साथ इन समाजों के ऐसे पुनर्निर्माण का मार्ग खुल जाता है, जहाँ ज़्यादा राजनीतिक लोकतंत्र, व्यक्तिगत स्वतंत्रता और सामाजिक न्याय हो।

एक समस्या जो निरन्तर जारी है

इसमें कोई शक नहीं है कि पिछले कुछ दशकों में, विश्व में और अधिक लोकतंत्रीकरण एवं स्वतंत्रता हासिल करने की प्रवृत्ति देखने को मिली है। एक स्वतंत्र संस्था, 'फ्रीडम हाउस', जो हर वर्ष राजनीतिक अधिकारों और नागरिक स्वतंत्रता का एक अन्तर्राष्ट्रीय सर्वेक्षण जारी करती है, के अनुसार—विश्व में 'स्वतंत्र' के रूप में वर्गीकृत देशों की संख्या हाल ही में महत्त्वपूर्ण रूप से बढ़ी है[1] :

वर्ष	स्वतंत्र	आंशिक स्वतंत्र	स्वतंत्र नहीं
1983	54	47	64
1993	75	73	38
2003	89	55	48
2009	89	62	42

1. फ्रीडम हाउस, विश्व में स्वतंत्रता, http://www.freedomhouse.org

हालाँकि इस सकारात्मक प्रवृत्ति को चोट पहुँचाती है उन लोगों की एक बड़ी संख्या, जो अभी भी अत्याचार के माहौल में जी रहे हैं। सन् 2008 के आँकड़ों के अनुसार, विश्व की कुल आबादी, 668 करोड़, का 34 प्रतिशत हिस्सा उन देशों में रहता है जो 'स्वतंत्र नहीं' की श्रेणी में आते हैं, अर्थात् वह क्षेत्र जहाँ राजनीतिक अधिकार और नागरिक स्वतंत्रता अत्यन्त प्रतिबन्धित हैं। जो 42 देश 'स्वतंत्र नहीं' की श्रेणी में आते हैं, उनमें तरह-तरह की तानाशाही हैं, जैसे—सैन्य तानाशाही (म्यांमार), पारम्परिक दमनकारी राजशाही (जैसे सऊदी अरब और भूटान में), सम्पूर्ण वर्चस्व वाले राजनीतिक दल (जैसे चीन, उत्तर कोरिया में), विदेशी क़ब्ज़ेदार (जैसे तिब्बत और पश्चिमी सहारा में) या फिर वो राष्ट्र जो संक्रमण की स्थिति में हैं।

वर्तमान में अनेकों देश तीव्र आर्थिक, राजनीतिक और सामाजिक परिवर्तन के दौर से गुज़र रहे हैं। यद्यपि हाल के वर्षों में 'स्वतंत्र' देशों की संख्या में वृद्धि हुई है, लेकिन एक बड़ा जोख़िम यह है कि इस तरह के तेज़ और मूलभूत परिवर्तनों के सामने कई देश विपरीत दिशा में आगे बढ़ेंगे और नए प्रकार की तानाशाहियों को भुगतेंगे। सैन्य गुट, महत्त्वाकांक्षी व्यक्ति, निर्वाचित अधिकारी और सिद्धान्तवादी राजनीतिक दल, बार-बार अपनी इच्छा थोपने की कोशिश करेंगे। रातोरात अचानक तख़्तापलट की घटनाएँ भी आम तौर पर होती रहेंगी। बुनियादी राजनीतिक और मानव-अधिकारों से लोगों की बड़ी संख्या वंचित रहेगी।

दुर्भाग्य से अतीत अभी भी हमारे साथ है। तानाशाही की समस्या की जड़ें बहुत ही गहरी और मज़बूत हैं। कई देशों के लोगों ने दशकों, या यहाँ तक कि सदियों, घरेलू या विदेशी मूल के उत्पीड़न को भोगा है। अक्सर बिना कोई प्रश्न या चूँ-चपड़ किए! ऐसे में सम्पूर्ण समर्पण उनकी आदत का हिस्सा बन

जाता है। चरम मामलों में, राज्य के नियंत्रण के बाहर—समाज के सामाजिक, राजनीतिक, आर्थिक और यहाँ तक कि धार्मिक संस्थानों को जानबूझकर कमज़ोर, अधीनस्थ, या यहाँ तक कि राज्य द्वारा शासित नए पुनर्जीवित संस्थानों द्वारा प्रतिस्थापित किया जाता है या फिर समाज को नियंत्रित करने के लिए इस्तेमाल किया जाता है। आबादी के एक-एक कण को बिखेर देना, एक-एक व्यक्ति का पृथक्कीकरण करना अर्थात् आबादी के एक-एक व्यक्ति को एक-दूसरे से अलग-थलग कर देना ताकि वे मुक्ति और स्वतंत्रता के लिए एक-दूसरे से मिलकर काम ही न कर पाएँ; एक-दूसरे के साथ सहयोग या समन्वय न कर पाएँ; एक-दूसरे में बिलकुल ही विश्वास न कर पाएँ; एक-दूसरे को शक की निगाह से देखें; एक-दूसरे के साथ काम करने में असमर्थ हो जाएँ; और अपनी पहल पर कुछ भी न कर सकें; अन्ततः एटमाइज़ हो जाएँ मतलब कि एक-दूसरे से अलग-थलग कण-कण, एक-दूसरे से कटे हुए व्यक्तियों की भीड़ में बदल जाएँ।

इस सबका नतीजा यह होता है कि पूरी की पूरी आबादी कमज़ोर हो जाती है, लोगों का आत्मविश्वास ख़त्म हो जाता है और प्रतिरोध की क्षमता समाप्त हो जाती है। लोग अक्सर तानाशाही के प्रति अपनी नफ़रत को अपने परिवार के सदस्यों व दोस्तों से भी साझा करने में कतराते और डरते हैं। भय के कारण लोग स्वतंत्रता के प्रति अपनी चाहत को भी व्यक्त नहीं कर पाते। स्थिति इतनी भयानक हो जाती है कि आम लोग प्रतिरोध के विषय में सोचने से भी डरने लगते हैं। उन्हें लगता है कि प्रतिरोध करना बिलकुल निरर्थक है। इस प्रकार बेमतलब कष्टों और मुसीबतों को झेलते हुए, अवाम एक नाउम्मीदी के माहौल में जीवन बिताती है।

वर्तमान परिस्थितियों में आज की तानाशाहियाँ पहले की तानाशाहियों के मुक़ाबले में बहुत ही ख़राब हो सकती हैं। अतीत

में, कुछ लोगों ने प्रतिरोध का प्रयास किया हो सकता है। थोड़े से वक़्त के लिए अल्पकालिक सामूहिक विरोध और प्रदर्शन भी हो सकते हैं। अस्थायी रूप से शायद हौसले भी बुलंद हुए हों। कभी-कभार ऐसा भी हो सकता है कि व्यक्तियों और छोटे समूहों ने चन्द सिद्धान्तों को लेकर प्रतिरोध भी किया हो। इरादे चाहे कितने भी नेक क्यों न हों, लेकिन प्रतिरोध के ये कृत्य लोगों के डर और आज्ञाकारिता की आदत पर क़ाबू पाने के लिए अपर्याप्त होते हैं। आम लोगों के डर और आज्ञाकारिता की आदत का समाप्त होना, तानाशाही को नेस्तनाबूद करने के लिए एक परम-आवश्यक शर्त है। यह दुखद है कि इस प्रकार के कृत्य, कष्टों और मौत को निमंत्रण और बढ़ावा ही देते हैं। इस प्रकार की कार्रवाइयों से न तो विजय प्राप्त होती है और न ही उम्मीदें जागती हैं।

हिंसा द्वारा स्वतंत्रता प्राप्ति?

तो फिर ऐसी परिस्थितियों में क्या किया जाए जब मुक्ति पाने के आम रास्ते बेकार और निरर्थक लगने लगते हैं? तानाशाह संवैधानिक और क़ानूनी बाधाओं की परवाह ही नहीं करते। वे न्यायिक फ़ैसलों, जनमत और जनता की राय को नज़रअन्दाज़ करते हैं। तानाशाह द्वारा की गई क्रूरताओं, यातनाओं, लोगों को ग़ायब करा देने और हत्याओं की प्रतिक्रिया में आम इनसान को यही समझ आता है कि केवल हिंसा ही तानाशाही को ख़त्म कर सकती है। ग़ुस्से से भरे पीड़ितों ने, कभी-कभी ज़ालिम तानाशाह से लड़ने के लिए ख़ुद को संगठित किया है और जितनी भी हिंसक या सैन्य शक्ति उनके पास थी, उसको इकट्ठा कर के वो लड़े हैं, चाहे ताक़त के तराजू में उनका वज़न कितना भी कम क्यों न रहा हो। इस तरह के लोगों ने

अक्सर बहुत ही बहादुरी से लड़ाई लड़ी है और जान-माल की भारी क़ीमत भी चुकाई है। उनकी उपलब्धियाँ कभी-कभी उल्लेखनीय भी रही हैं, लेकिन अफ़सोस कि शायद ही उन्होंने कभी स्वतंत्रता हासिल की हो। हिंसक विद्रोह अक्सर क्रूर दमन की प्रक्रिया को जन्म देते हैं और अक्सर अवाम को पहले की तुलना में और अधिक बेबस, मजबूर और लाचार बनाकर छोड़ देते हैं।

> *हिंसक विकल्प की चाहे जो भी ख़ूबियाँ हों, एक बात बिलकुल साफ़ है कि, हिंसक साधनों में विश्वास रखकर, विद्रोही एक ऐसा मार्ग चुनते हैं, जिसमें ज़ालिम उत्पीड़क लगभग हमेशा, उत्पीड़ितों से ज़्यादा श्रेष्ठ और ताक़तवर होते हैं। तानाशाह हिंसा करने के मामले में हमेशा ज़बरदस्त महारत रखते हैं। तानाशाह लगभग हमेशा ही, गोला-बारूद, परिवहन, संचार माध्यम और सैन्य-बल की संख्या के मामलों में श्रेष्ठता रखते हैं। बहादुरी दिखाने के बावजूद लोकतंत्र-समर्थक तानाशाह के मुक़ाबले में कहीं नहीं टिकते।*

जब परम्परागत सैन्य विद्रोह को अव्यावहारिक मान लिया जाता है, तो कुछ लोकतंत्र समर्थक गुरिल्ला युद्ध का पक्ष लेते हैं। गुरिल्ला युद्ध शायद ही कभी उत्पीड़ित अवाम का भला कर पाता हो या लोकतंत्र स्थापित कर पाता हो। गुरिल्ला युद्ध इस समस्या का कोई सही हल भी नहीं है, ख़ास तौर से इसलिए क्योंकि इसमें अपने लोग भारी संख्या में या तो ज़ख़्मी होते हैं या फिर मारे जाते हैं। गुरिल्ला युद्ध की सफलता की कोई गारंटी नहीं होती, भले ही सिद्धान्त और रणनीतिक विश्लेषण इसका समर्थन भी क्यों न करता हो। कभी-कभार मिलनेवाले अन्तर्राष्ट्रीय समर्थन के बावजूद गुरिल्ला युद्ध की क़ामयाबी की

कोई गारंटी नहीं होती। अक्सर गुरिल्ला युद्ध बहुत लम्बे अरसे तक चलता है। इस युद्ध के कारण शहरी आबादी का बड़े स्तर पर विस्थापन होता है और अत्यधिक मानवीय पीड़ा और सामाजिक अव्यवस्था फैलती है।

सफल होने पर भी, गुरिल्ला संघर्षों में अक्सर महत्त्वपूर्ण दीर्घकालिक नकारात्मक संरचनात्मक परिणाम होते हैं। तत्काल परिणाम यह होता है कि जिस तानाशाह पर हमला होता है, वह और ज़्यादा तानाशाही करने लगता है। यदि गुरिल्ला अन्ततः क़ामयाब हो भी जाएँ, तो इसके परिणाम में बननेवाला नया शासन अक्सर और भी अधिक तानाशाही प्रवृत्ति का होता है। सैन्य-बल की शक्ति का केन्द्रीकरण हो जाता है। सत्ता-शक्ति, सम्पूर्ण जनता में वितरित होने की बजाय, चन्द हाथों में सिकुड़ जाती है। इसके साथ-साथ संघर्ष के दौरान समाज के स्वतंत्र समूहों और संस्थानों के कमज़ोर होने या विनाश होने के कारण भी लोकतांत्रिक शक्तियाँ क्षीण हो जाती हैं। इसीलिए तानाशाही के विरोधियों को, गुरिल्ला युद्ध की बजाय किसी अन्य विकल्प को तलाशना चाहिए।

बलात् राज्य विप्लव, चुनाव, विदेशी उद्धारक/रक्षक

किसी तानाशाही के विरुद्ध सैन्य तख़्तापलट, एक घृणास्पद शासन को हटाने का तुलनात्मक रूप से, सबसे आसान और सबसे तेज़ तरीक़ों में से एक हो सकता है। लेकिन इस तकनीक के साथ कुछ बहुत ही गम्भीर समस्याएँ भी जुड़ी हैं। सबसे महत्त्वपूर्ण समस्या यह है कि सैन्य तख़्तापलट, जन-साधारण और कुलीन वर्ग (जिसके पास सत्ता-शक्ति और सैन्य-बलों का नियंत्रण है) के बीच मौजूदा सत्ता-शक्ति के अनुचित व असमान वितरण की यथास्थिति को बरकरार रखता

है। कुछ विशेष व्यक्तियों या उनके गिरोह को शासक पदों से हटाने पर, अक्सर अन्य व्यक्ति व गिरोह, उनके ख़ाली किए हुए स्थान पर स्थापित हो जाते हैं। सैद्धान्तिक रूप से, यह समूह अपने व्यवहार में नर्म और मुलायम हो सकता है और लोकतांत्रिक सुधारों के प्रति कुछ सीमाओं के दायरे में रहता हुआ, सकारात्मक भी हो सकता है। लेकिन इसकी कोई गारंटी भी नहीं है और व्यावहारिक रूप से, इससे उलट होने की सम्भावना भी बनी रहती है।

अपनी स्थिति को मज़बूत करने के पश्चात्, नया शासक गुट पुराने की तुलना में अधिक ज़ालिम और महत्त्वाकांक्षी हो सकता है। परिणामस्वरूप नया शासक गुट—जिससे बहुत उम्मीदें थीं—वह बिना लोकतंत्र या मानवाधिकारों की चिन्ता किए, अपनी मनमानी कर सकता है। यह तानाशाही की समस्या का कोई न्यायोचित या तर्कसंगत हल नहीं है।

तानाशाही शासन में चुनाव से कोई महत्त्वपूर्ण राजनीतिक परिवर्तन कभी भी नहीं हो सकता। कुछ तानाशाही शासन, जैसे कि पूर्व सोवियत-प्रभुत्व वाले पूर्वी ब्लॉक के देश, ख़ुद को लोकतांत्रिक साबित करने के लिए, चुनावों की प्रक्रिया से गुज़रते थे। ये चुनाव नहीं बल्कि एक क़िस्म के पूर्णतया नियंत्रित जनमत संग्रह होते थे, जिनमें तानाशाही द्वारा अपने चुनिन्दा प्रत्याशियों का समर्थन लिया जाता था। कई बार दबाव में आकर तानाशाह नए चुनावों के लिए भी सहमत हो जाते हैं, लेकिन तब वो चुनाव में हेरा-फेरी करके, अपनी ही नागरिक कठपुतलियों को सरकारी पदों पर बिठा देते हैं। कुछ परिस्थितियों में यदि विपक्षी-विद्रोही उम्मीदवारों को चुनाव लड़ने की अनुमति दे भी दी जाती है और यदि ऐसे उम्मीदवार चुनाव जीत भी जाते हैं—जैसा कि 1990 में म्यांमार में हुआ था और 1993 में नाइजीरिया में—ऐसी परिस्थिति में परिणामों को रद्द कर दिया जाता है और 'विजेताओं' को

डराने, धमकाने, गिरफ़्तार करने और उनकी हत्या करने की प्रवृत्ति दिखाई दे सकती है। यह शाश्वत सत्य है कि तानाशाह कभी भी, किसी भी, ऐसे चुनाव को स्वीकार नहीं करते, जो उन्हें सिंहासन से उखाड़ फेंके।

बहुत सारे लोग, जो दमनकारी तानाशाही से पीड़ित हैं या फिर वो जो उत्पीड़न से बचने के लिए किसी अन्य देश में निर्वासन में चले गए हैं, ऐसा नहीं मानते कि उत्पीड़ित ख़ुद को मुक्त कर सकते हैं। उनका विश्वास होता है कि उनके लोगों को केवल दूसरे देशों की कार्रवाई से ही तानाशाही से मुक्ति मिल सकती है। ऐसे लोग अपनी आस्था बाहरी शक्तियों में रखते हैं। वो मानते हैं कि केवल अन्तर्राष्ट्रीय मदद ही इतनी शक्तिशाली हो सकती है कि तानाशाहों को अपदस्थ कर सके।

ऐसा विचार कि 'उत्पीड़ित जनता' तानाशाही के ख़िलाफ़ प्रभावशाली, निर्णायक कार्रवाई करने में असमर्थ है, कभी-कभी थोड़े से समय के लिए सटीक भी होता है। जैसा कि पहले भी उल्लेख किया गया था, कि कई बार उत्पीड़ित जनता की कार्रवाई करने की इच्छा ही मर चुकी होती है और वह संघर्ष की राह पर चलने में अस्थायी तौर पर असमर्थ होती है। इसका कारण यह है कि उनमें ज़ालिम तानाशाह का सामना करने की अपनी ख़ुद की क़ुव्वत और क्षमता पर कोई भरोसा नहीं रह गया होता। उन्हें स्वयं को सुरक्षित रखने का कोई तरीक़ा भी नहीं मालूम होता। इन कारणों को जान जाने के बाद यह समझना आसान है कि बहुत से लोग किसी बाहरी शक्ति या फिर 'एक मसीहा' या मुक्तिदाता के इंतज़ार में क्यों रहते हैं, जो एक सुबह, किसी स्वप्निल नायक की तरह अवतरित होकर, उन्हें ज़ालिम के ज़ोर और ज़बर से निज़ात दिलाएगा। यह बाहरी ताक़त 'जनता की राय', संयुक्त राष्ट्र संघ, कोई देश विशेष, या फिर अन्तर्राष्ट्रीय आर्थिक और राजनीतिक प्रतिबन्ध हो सकते हैं।

ऐसा ख़्वाब सुकून देता है, लेकिन बाहरी तारणहार पर इतना अधिक निर्भर होना, कई गम्भीर समस्याओं को उत्पन्न करता है। आम तौर पर ऐसा विश्वास ही ग़लत होता है। आम तौर पर कोई 'मुक्तिदाता' नहीं आता और यदि कोई विदेशी राज्य हस्तक्षेप करता है, तो शायद उस पर भरोसा नहीं किया जाना चाहिए। विदेशी हस्तक्षेप पर निर्भरता के विषय में कुछ कठोर-कड़वी वास्तविकताओं पर यहाँ ध्यान देने की आवश्यकता है :

- आम तौर पर विदेशी राज्य, अपने स्वयं के आर्थिक या राजनीतिक हितों को साधने के लिए किसी तानाशाही को या तो बर्दाश्त करेंगे या फिर वे किसी तानाशाही की सकारात्मक रूप से सहायता भी करेंगे।

- अपने मुक्ति के क़समों-वादों पर दृढ़ता से टिके रहने की बजाय, विदेशी राज्य किसी अन्य उद्देश्य की प्राप्ति हेतु, पीड़ित जनता का सौदा करने के लिए सदैव तत्पर रहेंगे।

- कुछ विदेशी राज्य, तानाशाही की बजाय, अपना ख़ुद का आर्थिक, राजनीतिक या सैन्य नियंत्रण हासिल करने के उद्देश्य से ही, तानाशाही के विरुद्ध कार्रवाई करेंगे।

- कुछ विदेशी राज्य सकारात्मक उद्देश्यों की प्राप्ति के लिए भी सक्रिय सहयोग दे सकते हैं, लेकिन वो भी आम तौर पर तब सहयोग देंगे जब आन्तरिक प्रतिरोध आन्दोलन ने पहले ही तानाशाही को झकझोर कर उसकी जड़ें हिला दी हों। या फिर तानाशाही की क्रूरता ने पूरे अन्तर्राष्ट्रीय समुदाय का ध्यान आकर्षित कर लिया हो।

तानाशाही आम तौर पर मुख्य रूप से देश में आन्तरिक शक्ति-वितरण के कारण मौजूद रहती है। जनता या समाज तानाशाही के लिए कोई गम्भीर समस्या खड़ी करने में या तानाशाही को कोई दमदार चुनौती देने में अक्षम व कमज़ोर होता है। सत्ता-शक्ति और धन-दौलत चन्द लोगों के हाथों तक सीमित हो जाती है। हालाँकि तानाशाही को अन्तर्राष्ट्रीय कार्रवाई से कुछ फ़ायदा या कुछ नुक़सान हो सकता है, लेकिन फिर भी, तानाशाही का बने रहना प्राथमिक और बुनियादी तौर पर, आन्तरिक परिस्थितियों और कारकों पर ही निर्भर करता है।

एक ही स्थिति में अन्तर्राष्ट्रीय दबाव बहुत उपयोगी हो सकता है, यदि वह किसी शक्तिशाली आन्तरिक प्रतिरोध आन्दोलन को समर्थन देता हो। उस स्थिति में अन्तर्राष्ट्रीय आर्थिक बहिष्कार, व्यापारिक रोक व घाटबन्दी, कूटनीतिक सम्बन्धों को तोड़ देना, संयुक्त राष्ट्र संघ के निकायों द्वारा निन्दा आदि, मददगार साबित हो सकते हैं। लेकिन एक बार फिर से इस बात पर ज़ोर देने की आवश्यकता है कि जब तक एक मज़बूत आन्तरिक प्रतिरोध आन्दोलन नहीं होगा, तब तक किसी बाहरी मदद के प्रभावशाली और निर्णायक होने की सम्भावना नहीं है।

कड़वी सचाई का बेधड़क सामना करना

निष्कर्ष कठोर हैं। यदि किसी तानाशाही को, जान-ओ-माल की कम-से-कम क़ीमत अदा करते हुए ध्वस्त करना है, तो चार काम तत्काल करने होंगे :

1. उत्पीड़ित जनता को अपने संकल्प, आत्मविश्वास और प्रतिरोध कौशल में ख़ुद को मज़बूत करना होगा।

2. उत्पीड़ित जनता के स्वतंत्र सामाजिक समूहों और संस्थानों को मज़बूत करना होगा।

3. एक शक्तिशाली प्रतिरोध बल को संगठित करना चाहिए; जो आन्तरिक प्रतिरोध आन्दोलन के इंजन का काम करे।

4. मुक्ति के लिए, समझ-बूझ से एक बड़ी रणनीतिक योजना विकसित करनी चाहिए और उसे कुशलता-पूर्वक लागू करना चाहिए।

मुक्ति-संघर्ष आत्म-निर्भरता और संघर्ष-समूह की आन्तरिक मज़बूती का समय होता है। जैसा कि चार्ल्स स्टीवर्ट पार्नेल ने आयरिश रेंट स्ट्राइक अभियान 1879 और 1880 के दौरान कहा था :

> सरकार पर भरोसा करने का कोई मतलब नहीं है... आपको केवल अपने दृढ़-संकल्प पर भरोसा करना चाहिए...एक साथ खड़े होकर ख़ुद की मदद करें... अपने उन लोगों को मज़बूत करें जो कमज़ोर हैं... अपने लोगों को एक सूत्र में पिरोएँ, संगठित करें...और फिर आपकी विजय सुनिश्चित है...जब तक यह तैयारी नहीं हो जाती, तब तक कोई हल कारगर नहीं होता।[1]

जब आपका एक मज़बूत आत्मनिर्भर बल तैयार हो जाएगा, जिसके पास एक बुद्धिमत्तापूर्ण रणनीति होगी, अनुशासित और बहादुरी भरी कार्रवाई होगी, सही मायने में वास्तविक शक्ति होगी, तब तानाशाही किसी रेत के महल की तरह, तुम्हारी

1. पैट्रिक सार्सफील्ड ओ हेगार्टी, *ए हिस्ट्री ऑफ़ आयरलैंड अंडर यूनियन, 1888-1922* (लन्दन : मैथ्यूएन) पृ. 490-491

एक ठोकर से भरभराकर ढेर हो जाएगी। कम-से-कम उन चार आवश्यकताओं को पूरा करना अनिवार्य है, जिनका वर्णन ऊपर किया गया है।

जैसा कि उपरोक्त चर्चा इंगित करती है, तानाशाही से मुक्ति अन्ततः लोगों की ख़ुद को आज़ाद करने की क्षमता पर निर्भर करती है। सफल राजनीतिक अवज्ञा के मामले—या राजनीतिक उद्देश्यों के लिए अहिंसक संघर्ष—जिनका ऊपर ज़िक्र किया गया है, बताते हैं कि ख़ुद को मुक्त करने के साधन हमेशा ही मौजूद रहते हैं, लेकिन उन विकल्पों को विकसित करने की आवश्यकता होती है। हम आगे के अध्यायों में इस विकल्प की विस्तार से जाँच करेंगे। लेकिन इससे पहले हम, बातचीत द्वारा, सौदेबाज़ी के द्वारा तानाशाही से मुक्ति का समझौता करने के मुद्दे का भी गहन विश्लेषण कर लेते हैं।

दो

सौदेबाज़ी के ख़तरे

जब तानाशाही से जूझने की गम्भीर मुसीबतों का सामना होता है, तो चन्द रीढ़विहीन व्यक्ति दब्बूपने का प्रदर्शन करते हुए सर झुकाकर आत्म-समर्पण कर देते हैं। बाक़ी लोग, लोकतंत्र प्राप्ति की कोई सम्भावना न देखकर, सोच सकते हैं कि उन्हें तानाशाही के साथ समझौता कर लेना चाहिए। उन्हें उम्मीद होती है कि 'सुलह', 'समझौता' और 'सौदेबाज़ी' के माध्यम से वे कुछ सकारात्मक तत्त्वों को हासिल करने में सक्षम हो सकते हैं और ज़ुल्म, ज़बर, ज़्यादतियों और क्रूरताओं के दौर का अन्त कर सकते हैं। ऊपरी तौर पर देखा जाए तो, वास्तविक और व्यावहारिक विकल्पों के अभाव में, इस तरह की सोच में दम भी है।

क्रूर तानाशाही के ख़िलाफ़ गम्भीर संघर्ष करना कोई ख़ुशनुमा मंज़र नहीं होता। मन घबराता है। आख़िर संघर्ष और टकराव के रास्ते पर चला ही क्यों जाए? क्या कोई और बग़ैर जोख़िम वाला रास्ता उपलब्ध नहीं है? क्या ऐसा नहीं हो सकता कि सभी पक्ष समझदारी का परिचय दें, बातचीत का रास्ता ढूँढ़ें और सीढ़ी-दर-सीढ़ी आगे बढ़ते हुए, तानाशाही का अन्त करें? क्या ऐसा नहीं हो सकता कि लोकतंत्र के समर्थक तानाशाहों

की मानवीय संवेदनाओं को छूने की कोशिश करें और उन्हें अपना वर्चस्व थोड़ा-सा कम करने के लिए, मान-मनौवल के ज़रिये मना लें? और शायद आगे चलकर तानाशाही, लोकतंत्र की स्थापना के लिए मान भी जाएँ।

कभी-कभी यह भी तर्क दिया जाता है कि सारी सचाई केवल एक पक्ष में ही नहीं होती। क्या पता लोकतंत्रवादी तानाशाहों को समझने में ग़लती कर रहे हों? हो सकता है तानाशाहों ने बेहद मुश्किल परिस्थितियों में नेक इरादों से काम किया हो। कुछ अन्य लोग ऐसा भी सोच सकते हैं कि तानाशाह देश के मुश्किल हालात के मद्दे-नज़र, ख़ुशी-ख़ुशी ख़ुद ही पद छोड़ देंगे, बस अगर उन्हें थोड़ा-सा प्रोत्साहन और लालच दे दिया जाए। तर्क यह भी दिया जा सकता है कि तानाशाहों को एक-दूसरे के फ़ायदे यानी परस्पर लाभ के सौदे को समाधान के रूप में पेश किया जा सकता है, जिस स्थिति में दोनों पक्षों को अपना मनोवांछित लाभ मिल जाए। इससे आगे के कष्टदायक संघर्ष के जोख़िम और दर्द ग़ैर-ज़रूरी हो सकते हैं। ऐसा भी तर्क दिया जा सकता है कि लोकतांत्रिक विपक्ष केवल शान्तिपूर्वक बातचीत द्वारा संघर्ष को निपटाने का मन बना ले (जिसमें कुछ सौदेबाज़ी में कुशल व्यक्तियों या किसी अन्य बाहरी देश की सरकार की सहायता भी ली जा सकती है)। क्या ऐसा करना किसी दर्दनाक संघर्ष के मुक़ाबले बेहतर नहीं होगा? भले ही यह काम, सैन्य युद्ध की बजाय अहिंसक संघर्ष द्वारा संचालित हो।

सौदेबाज़ी के गुण-दोष एवं मर्यादाएँ

संघर्षों के दौरान कुछ प्रकार के मुद्दों को हल करने के लिए, सौदेबाज़ी एक बहुत ही उपयोगी औज़ार है और उपयुक्त परिस्थितियों में इसकी उपेक्षा या इसको ख़ारिज नहीं करना चाहिए।

कुछ परिस्थितियों में जहाँ कोई बुनियादी मुद्दा दाँव पर नहीं होता, तब संघर्ष को सुलझाने के लिए समझौता किया जा सकता है और उसके लिए, 'सौदेबाज़ी वार्ता' एक महत्त्वपूर्ण साधन हो सकती है। उदाहरण के लिए बेहतर मज़दूरी के लिए मज़दूरों की हड़ताल के संघर्ष में, सौदेबाज़ी वार्ता एक उपयुक्त भूमिका निभा सकती है। सौदेबाज़ी वार्ता के ज़रिये किया गया समझौता दोनों पक्षों की शुरुआती पेशकश के बीच में कहीं हो सकता है और मज़दूरों को बढ़ी हुई मज़दूरी भी दिला सकता है। हालाँकि, क़ानूनी तौर पर मान्य ट्रेड यूनियन के साथ श्रम संघर्ष, उन संघर्षों से काफ़ी अलग है, जिसमें एक क्रूर तानाशाही का निरन्तर अस्तित्व या राजनीतिक स्वतंत्रता की स्थापना दाँव पर हो।

जब बुनियादी मुद्दे दाँव पर हों, जो धार्मिक सिद्धान्तों को प्रभावित करते हों, मानवीय स्वतंत्रता के मुद्दे हों, या फिर जब पूरे समाज का भविष्य और विकास दाँव पर हो, ऐसी परिस्थितियों में सौदेबाज़ी वार्ता दोनों पक्षों को सन्तुष्ट करनेवाला समाधान कभी नहीं दे सकती। कुछ बुनियादी मुद्दों पर समझौता होना भी नहीं चाहिए। शक्ति सम्बन्धों के तराजू का पलड़ा, जब लोकतांत्रिक लोगों के पक्ष में झुकेगा, केवल तब ही दाँव पर लगे मुद्दों की सुरक्षा सम्भव है। और यह बात हमेशा याद रखनी चाहिए कि शक्ति-सम्बन्धों के तराजू का पलड़ा संघर्ष से झुकता है, सौदेबाज़ी वार्ता से नहीं। इसका मतलब यह नहीं है कि सौदेबाज़ी की वार्ता का उपयोग कभी भी नहीं किया जाना चाहिए। तर्क यह है कि सौदेबाज़ी, किसी शक्तिशाली लोकतांत्रिक विपक्ष की अनुपस्थिति में, किसी ताक़तवर तानाशाह को अपदस्थ करने का कोई व्यावहारिक तरीक़ा नहीं है।

कई बार ऐसी पारिस्थितियाँ होती हैं कि सौदेबाज़ी का विकल्प उपलब्ध ही नहीं होता। ऐसे तानाशाह जिनकी जड़ें गहरी और मोर्चाबन्दी मज़बूत है, अपने लोकतांत्रिक विरोधियों के

साथ बातचीत करने से ही इनकार कर सकते हैं। और कई बार तो ऐसा भी होता है कि सौदेबाज़ी वार्ता शुरू होने के पश्चात्, लोकतांत्रिक पक्ष के वार्ताकार ऐसे ग़ायब करा दिए जाते हैं कि फिर वो संसार में कभी नज़र ही नहीं आते।

सौदेबाज़ी द्वारा समर्पण?

वो व्यक्ति या व्यक्तियों के समूह जो तानाशाही का विरोध करते हैं और सौदेबाज़ी वार्ता का समर्थन करते हैं, असल में उनके मन साफ़ और इरादे नेक होते हैं। ख़ास तौर पर तब, जब एक लम्बा सैन्य संघर्ष किसी क्रूर तानाशाही के विरुद्ध वर्षों तक चला हो और अन्तिम निर्णायक विजय प्राप्त करने में असफल रहा हो, तो यह स्वाभाविक है कि सभी लोग, चाहे उनके जो भी राजनीतिक विचार हों, शान्ति के प्यासे होते हैं। लोकतांत्रिक लोग तब भी राजनीतिक सौदेबाज़ी के लिए तत्पर हो सकते हैं, जब तानाशाहों के पास स्पष्ट सैन्य श्रेष्ठता हो और लोकतांत्रिक लोग स्वयं का और अधिक जान-ओ-माल का नुक़सान और विनाश बर्दाश्त कर पाने की स्थिति में न हों। ऐसे बुरे हालात में लोकतंत्र के उन विकल्पों को तलाशने की सोच सकते हैं, जो हिंसा और प्रतिहिंसा के चक्र को समाप्त करके, चाहे थोड़े-बहुत ही, लोकतांत्रिक उद्देश्यों की प्राप्ति कर सकें।

किसी तानाशाह द्वारा लोकतांत्रिक विपक्ष को वार्ता द्वारा 'शान्ति' की पेशकश, ज़ाहिर है, एक कपटी, धूर्तता-भरी व खोटी पेशकश होती है। हिंसा को, ख़ुद तानाशाह द्वारा समाप्त किया जा सकता है, यदि तानाशाह अपने लोगों के साथ युद्ध करना बन्द कर दे। तानाशाह ख़ुद अपनी पहल पर, बिना किसी सौदेबाज़ी के, मानवीय अधिकारों और मानवीय सम्मान की पुनः स्थापना कर सकता है। राजनीतिक बन्दियों को रिहा कर सकता है, जन-

साधारण को दी जानेवाली यातनाओं को बन्द कर सकता है। सैन्य अभियानों पर रोक लगा सकता है। सरकार को त्याग सकता है और आम जनता से अपने कुकृत्यों की माफ़ी माँग सकता है।

जब तानाशाह मज़बूत और ताक़तवर होता है लेकिन उसे एक खीज उत्पन्न करनेवाले प्रतिरोध का सामना करता है, तो ऐसी हालात में तानाशाह 'शान्ति' स्थापित करने की आड़ में, विपक्ष का समर्पण कराने की मंशा से, बातचीत की इच्छा व्यक्त कर सकता है। ऊपरी तौर पर बातचीत की पेशकश बहुत लुभावनी लगती है, लेकिन बातचीत की आड़ में भयानक ख़तरे छुपे होते हैं, यहाँ तक कि वार्ताकक्ष में भी हमेशा प्राणघातक जोख़िम रहता है।

दूसरी ओर, यदि लोकतांत्रिक विपक्ष असाधारण रूप से मज़बूत होता है और तानाशाही पर गम्भीर ख़तरा मँडरा रहा होता है, तब तानाशाह अपने नियंत्रण और धन-दौलत सम्पत्ति को यथासम्भव बचाने के उद्देश्य से, बातचीत की पेशकश कर सकता है।

लोकतंत्रवादियों को उपरोक्त दोनों ही हालात में तानाशाह को उसके उद्देश्यों को प्राप्त करने में सहायक नहीं बनना चाहिए, अर्थात् किसी भी हालत में सौदेबाज़ी नहीं करनी चाहिए।

लोकतंत्रवादियों को उन जाल और फंदों से भी होशियार रहना चाहिए, जो तानाशाहों द्वारा बहुत चालाकी से बिछाए जाते हैं, जिनके द्वारा लोकतंत्रवादियों को सौदेबाज़ी की प्रक्रिया में फाँसा जा सकता है। सौदेबाज़ी वार्ता की पेशकश, उन परिस्थितियों में जब राजनीतिक स्वतंत्रता के बुनियादी मुद्दे दाँव पर लगे हों, तानाशाहों द्वारा लोकतंत्रवादियों को शान्तिपूर्ण समर्पण के लिए फुसलाने का प्रयास होता है, जबकि इसके साथ-साथ तानाशाह की हिंसा लगातार जारी रहती है और उसमें किसी भी क़िस्म की कोई कमीं नहीं आती। इस तरह के टकरावों में, केवल एक स्थिति में सही तौर पर सौदेबाज़ी-वार्ता की भूमिका हो सकती है।

और वो तब जब निर्णायक संघर्ष अपने अन्त के क़रीब हो—जब तानाशाह की शक्ति को प्रभावशाली तरीक़े से नष्ट किया जा चुका हो और जब तानाशाह अपनी ख़ुद की सुरक्षा की गुहार लगाते हुए, किसी अन्तर्राष्ट्रीय हवाई अड्डे तक सुरक्षित मार्ग की माँग करे।

सौदेबाज़ी में 'ताक़त' और 'इंसाफ़' की भूमिका

यदि सौदेबाज़ी का यह मूल्यांकन देखने, सुनने या पढ़ने में कुछ कठोर लगता है, तो शायद वार्ताओं के साथ जुड़ी रूमानियत को मंथर, मंद, नियंत्रित और मध्यमार्गी करने की ज़रूरत है। सौदेबाज़ी के संचालन के लिए एक स्पष्ट और साफ़ सोच की ज़रूरत होती है।

'सौदेबाज़ी' का मतलब यह क़तई नहीं है कि दोनों पक्ष समानता के आधार पर आमने-सामने बैठते हैं और बातचीत करके अपने उन सभी मतभेदों को सुलटा लेते हैं, जिनके कारण उनके बीच टकराव और संघर्ष उत्पन्न हुआ था। दो तथ्य हमेशा याद रखने चाहिए। पहला, सौदेबाज़ी की वार्ता में, विरोधी विचारों और उद्‌देश्यों में 'इंसाफ़' को न तो तौला जाता है, न ही 'इंसाफ़' की कोई भूमिका होती है और न ही तुलनात्मक सापेक्ष 'इंसाफ़' सौदेबाज़ी के निष्कर्ष में हुए, समझौते वाले अनुबन्ध के बिन्दुओं को तय करता है। 'इंसाफ़' के सिद्धान्त की सौदेबाज़ी वार्ता में जीरो अर्थात् शून्य भूमिका होती है। दूसरा, सौदेबाज़ी के समझौता-अनुबन्ध में, आम सहमति के बिन्दु दोनों पक्षों की 'ताक़त' द्वारा निर्धारित होते हैं।

बहुत सारे कठिन सवालों पर भी गहन विचार-विमर्श किया जाना चाहिए। जैसे, यदि अन्य पक्ष सौदेबाज़ी की टेबल पर समझौता नहीं करता है, तो दोनों पक्ष अपने उद्‌देश्य की प्राप्ति के लिए, समझौता विफल होने की स्थिति में, क्या कुछ करने

की ताक़त और क्षमता रखते हैं? समझौता न होने की स्थिति में, हमारे पास सर्वोत्तम विकल्प क्या है? मान लीजिए, समझौता हो भी जाता है, लेकिन बाद में दूसरा पक्ष, समझौते की वादा-ख़िलाफ़ी करते हुए, समझौते के अनुबन्ध की शर्तों को नहीं मानता और अपने उपलब्ध सैन्य बलों को, अपने उद्‌देश्यों को हासिल करने के लिए इस्तेमाल करने लगता है, तब उस स्थिति में क्या किया जा सकता है?

हमेशा याद रखें, कि सौदेबाज़ी वार्ता में समझौता, दाँव पर लगे मुद्‌दों के सही या ग़लत होने के आकलन पर आधारित नहीं होता। हालाँकि इस जैसे विषयों पर चर्चा बहुत अधिक होती है, लेकिन वार्ता का वास्तविक परिणाम, दोनों समूहों की निरपेक्ष (absolute) और सापेक्ष (relative) शक्ति के आकलन से आता है। दूसरे शब्दों में कहें तो समझौते का परिणाम आपकी ताक़त के दम पर मिलेगा, भीख या इंसाफ़ की गुहार पर नहीं मिलेगा। कुछ बातों पर विशेष ध्यान देना होगा, जैसे—(1) यह सुनिश्चित और पक्का करने के लिए, कि लोकतंत्र समर्थकों के न्यूनतम दाँवों से उन्हें वंचित न किया जा सके, लोकतंत्रवादी क्या कर सकते हैं? (2) तानाशाह अपना नियंत्रण बनाए रखने के लिए और लोकतंत्रवादियों को निष्प्रभावी करने के लिए क्या कर सकते हैं? दूसरे सरल शब्दों में कहा जाए तो, यदि कोई समझौता होता है, तो उसका आधार दोनों पक्षों द्वारा एक-दूसरे की 'शक्ति' क्षमता को तराज़ू में तौलकर, एक-दूसरे की 'शक्ति' क्षमताओं का आकलन और तुलना करके होता है। यह भी अन्दाज़ा लगाया जाता है कि यदि एक खुला संघर्ष हुआ, तो उसका अन्तिम परिणाम क्या होगा। उस खुले संघर्ष में उनके विजयी होने की क्या सम्भावनाएँ हैं? इस बात पर भी ध्यान दिया जाना चाहिए कि समझौते तक पहुँचने के लिए, दोनों पक्ष क्या कुछ त्याग करने के लिए राज़ी हैं? सफल सौदेबाज़ी में, दोनों

पक्षों को कुछ झुकना भी पड़ता है और कुछ त्याग भी करना पड़ता है। सफल सौदेबाज़ी के लिए, दोनों पक्षों में लचीलापन होना परम आवश्यक है। दो अड़ियल टट्टुओं के बीच कभी भी समझौता नहीं हो सकता। दोनों पक्षों को अपनी माँग और उद्देश्य का कुछ भाग प्राप्त होता है और अपनी माँगों और उद्देश्यों के कुछ हिस्सों को क़ुर्बान भी करना पड़ता है।

चरम सीमा की तानाशाही के सन्दर्भ में ऐसा क्या है, जो लोकतंत्र समर्थक ताक़तें, तानाशाहों के लिए त्याग सकती हैं? तानाशाहों के वे कौन से उद्देश्य हैं, जिन्हें लोकतंत्र समर्थक स्वीकार कर सकते हैं? क्या लोकतंत्र समर्थक, तानाशाहों (चाहे वह कोई राजनीतिक दल हो या फिर कोई सैन्य गुप्त दल) को, किसी भविष्य की सरकार में संवैधानिक रूप से स्थापित, स्थायी भूमिका दी जा सकती है? और यदि ऐसा किया जाता है तो, फिर उस शासकीय तंत्र को लोकतंत्र कह सकते हैं?

यदि यह मानकर भी चला जाए कि सौदेबाज़ी वार्ता में सब कुछ ठीक-ठाक चलता रहेगा, तो भी यह पूछना अति आवश्यक है कि सौदेबाज़ी वार्ता के परिणाम में किस क़िस्म की शान्ति बहाल होगी? क्या नए शासन-तंत्र में आम लोगों का जीवन पहले से बेहतर होगा या फिर पहले से भी बदतर होगा? और यदि स्थिति पहले से बदतर ही होगी या पहले जैसे ही रहेगी, तो क्यों न लोकतंत्रवादी संघर्ष को चालू रखा जाए या फिर से शुरू कर दिया जाए?

अनुकूल और 'सहमति वाला' तानाशाह

तानाशाहों के पास अपना वर्चस्व बनाने और क़ायम रखने के लिए कई क़िस्म के हेतु, वजह, कारण और उद्देश्य हो सकते हैं। जैसे—सत्ता का नशा, उच्च सामाजिक हैसियत, धन-दौलत,

ऐयाशी, कामलोलुपता तथा किसी विचारधारा के अनुसार देश और समाज का पुनर्निर्माण करना, इत्यादि। यह बात कभी नहीं भूलनी चाहिए कि यदि तानाशाह शासन-तंत्र पर अपनी पकड़ ढीली कर दें, या नियंत्रण छोड़ दें, तो उपरोक्त उद्‌देश्यों में से एक भी पूरा नहीं हो सकता। सौदेबाज़ी की समझौता वार्ताओं में, अगर बस चले तो तानाशाह अपने उद्‌देश्यों की प्राप्ति के लक्ष्य को कभी नहीं छोड़ेंगे।

किसी भी समझौता वार्ता में, तानाशाहों द्वारा चाहे जो भी वायदे किए जाएँ, किसी को भी, कभी भी नहीं भूलना चाहिए कि तानाशाह अपने लोकतांत्रिक विरोधियों का समर्पण प्राप्त करने के लिए किसी भी हद तक जा सकता है, कुछ भी वायदा कर सकता है। लेकिन अक्सर तानाशाह अपने वायदों पर खरे नहीं उतरते। अपने वायदों से मुकरते हुए, अपने दिए गए वचनों को तोड़ते हुए, तानाशाह सभी समझौतों का निर्लज्जता से ठट्ठा मारते हुए उल्लंघन भी कर सकते हैं।

यदि लोकतंत्रवादी, दमन से मुक्ति पाने की ख़ातिर, अपने प्रतिरोध को रोकने के लिए सहमत हो जाते हैं, तो वे जान लें कि अन्ततः ठगे जाएँगे और उनको गहरी निराशा ही हाथ लगेगी। प्रतिरोध में ठहराव शायद ही कभी दमन को कम करता है। एक बार आन्तरिक और अन्तर्राष्ट्रीय विरोध की निरोधक शक्ति को हटा दिए जाने के बाद, तानाशाह अपने उत्पीड़न और हिंसा को, पहले से कहीं अधिक क्रूर बना सकते हैं। लोकप्रिय प्रतिरोध का पतन अक्सर उस प्रतिकार बल को हटा, मिटा और विलुप्त कर देता है, जिसने तानाशाही के नियंत्रण और क्रूरता को सीमित दायरे में बाँधा होता है। उस स्थिति में, अत्याचारी अपनी इच्छानुसार किसी के भी विरुद्ध, जो चाहे वो कार्रवाई कर सकते हैं। कृष्ण लाल श्रीधरनी लिखते हैं, "ज़ालिम-अत्याचारी के पास दर्द, पीड़ा, चोट और कष्ट देने

की उतनी ही अधिक शक्ति होती है; जितनी मासूम मज़लूम के पास प्रतिरोधक-शक्ति की कमी होती है।"[1]

सौदेबाज़ी नहीं, प्रतिरोध ही संघर्षों में बदलाव लाने के लिए आवश्यक कारक है, जहाँ मूलभूत मुद्दे दाँव पर लगे हों। लगभग सभी मामलों में, तानाशाह को सत्ता से बेदख़ल करने के लिए, प्रतिरोध जारी रखना चाहिए। कभी भी, किसी भी समझौता वार्ता द्वारा सफलता प्राप्त नहीं होती, बल्कि सफलता उपलब्ध प्रतिरोध के सबसे उपयुक्त और शक्तिशाली साधनों के बुद्धिमानी से किए गए सदुपयोग द्वारा निर्धारित की जाती है। यह हमारा संकथन है, (जिसे बाद में और अधिक विस्तार से जाना जा सकता है), कि राजनीतिक अवज्ञा या अवहेलना, या अहिंसक संघर्ष, मुक्ति के लिए संघर्ष करनेवालों के लिए उपलब्ध सबसे प्रबल और शक्तिशाली साधन है।

किस तरह की शान्ति?

यदि तानाशाहों और लोकतंत्रवादियों को आपस में शान्तिवार्ता करनी है, तो एक बेहद स्पष्ट सोच की आवश्यकता है, क्योंकि इस प्रक्रिया में ख़तरा बहुत अधिक है। जो लोग भी 'शान्ति' शब्द का प्रयोग करते हैं, ज़रूरी नहीं कि वे सभी स्वतंत्रता और न्याय से युक्त 'शान्ति' चाहते हों। निर्मम तानाशाहों के क्रूर उत्पीड़न के प्रति समर्पण और मौन स्वीकृति, जिन्होंने सैकड़ों-हज़ारों लोगों पर ज़ुल्म किए हों, कोई वास्तविक और सच्ची शान्ति नहीं होती।

---

1. कृष्ण लाल श्रीधरनी, War Without Violence : A Study Of Gandhis Method and its Accomplishment (New York : Harcourt Brace, 1939, पुनर्प्रकाशन : न्यूयॉर्क एवं लन्दन, गारलैंड पब्लिशिंग, 1972) पृ. 260

हिटलर अक्सर शान्ति का आह्वान करता था, जिसका अर्थ उसकी इच्छानुसार समर्पण होता था। किसी तानाशाह की 'शान्ति' अक्सर कारागार या क़ब्र की शान्ति से भिन्न नहीं होती।

इसके अलावा और भी ख़तरे मौजूद रहते हैं। शुभेच्छा रखनेवाले वार्ताकार कभी-कभी वार्ता के उद्देश्यों और वार्ता की प्रक्रिया को ही आपस में उलझा देते हैं। उनमें उद्देश्यों और प्रक्रिया को लेकर मानसिक स्पष्टता नहीं होती। इसके अलावा, लोकतांत्रिक वार्ताकार, या विदेशी वार्ता-विशेषज्ञ, जिन्हें बातचीत में सहायता के लिए स्वीकार किया जाता है, एक ही झटके में तानाशाहों को घरेलू और अन्तर्राष्ट्रीय वैधता प्रदान कर देते हैं। वह वैधता, जिस वैधता से ये तानाशाह अब तक वंचित थे; क्योंकि उन्होंने राज्य पर ज़बरन क़ब्ज़ा किया था, मानवाधिकारों का उल्लंघन किया था, ज़ुल्म व ज़्यादतियाँ की थीं। अपनी वैधता को लेकर अत्यधिक बेक़रार तानाशाह, बिना वैधता के, अनिश्चित काल तक शासन नहीं कर सकते। शान्ति-समर्थकों को, कभी भी, भूलकर भी, ऐसी वैधता का तोहफ़ा, तानाशाहों को भेंट नहीं करना चाहिए।

उम्मीद के कारण

जैसा कि पहले भी कहा गया था, कि विपक्षी नेता कभी-कभार किसी लम्बे समय तक चले लोकतांत्रिक संघर्ष में पैदा हो जानेवाली निराशा और नाउम्मीदी की भावना से, बातचीत को आगे बढ़ाने को मजबूर हो सकते हैं। हालाँकि उस नाउम्मीदी, निराशा और शक्तिहीनता के अहसास और भावना को बदला जा सकता है। तानाशाहियाँ कभी भी स्थायी नहीं होतीं। तानाशाही के अधीन रह रहे लोगों को, कमज़ोर ही बने रहने की कोई ज़रूरत नहीं। तानाशाह अनंत काल तक शक्तिशाली नहीं बने

रह सकते। अरस्तू ने हज़ारों वर्ष पहले कहा था, "अल्प-तंत्र (चन्द कुलीन लोगों का शासनतंत्र) और ज़ालिमाना प्रजा-पीड़कों का शासन-तंत्र किसी भी अन्य संविधान की तुलना में, बहुत ही अल्प-कालिक होता है...कहीं भी, कभी भी, दुनिया के हर कोने में, प्रजा-पीड़क अत्याचारियों के शासन लम्बे समय तक नहीं चले हैं।"[1] आधुनिक तानाशाहियाँ भी सुरक्षित और अभेद्य नहीं हैं। उनकी कमज़ोरियों को और अधिक बढ़ाया जा सकता है ताकि वे और अधिक सुभेद्य हो जाएँ। तानाशाहों की शक्ति को विघटित किया जा सकता है। (अध्याय चार में हम इन कमज़ोरियों की और अधिक विस्तार से चर्चा और जाँच करेंगे।)

पिछली दो-एक शताब्दियों पर यदि नज़र डालें, तो तानाशाही शासन की कमज़ोरियाँ स्पष्ट हो जाती हैं। इतिहास बताता है कि अपेक्षाकृत कम समय में ही तानाशाहियाँ रेत के महल की तरह भरभराकर गिर सकती हैं। पोलैंड में कम्यूनिस्ट तानाशाही को ध्वस्त करने में जबकि दस वर्ष (1980-1990) लगे; पूर्वी जर्मनी और चेकोस्लोवाकिया में 1989 में यही काम चन्द सप्ताह में हो गया। 1944 में, एल सल्वाडोर और ग्वाटेमाला में, अपनी गहरी जड़ें जमाए, मज़बूत मोर्चेबन्द सैन्य तानाशाहों को अपदस्थ करने में मात्र दो सप्ताह लगे। सैन्य शक्ति से सुसज्जित शाह ईरान को कुछ महीनों में ही अपदस्थ कर दिया गया (1979)। 1986 में फ़िलीपींस के तानाशाह मार्कोस, जनशक्ति का सामना होते ही चन्द माह में ही ढह गए। संयुक्त राज्य अमेरिका को जैसे ही विपक्षी और विरोधी ताक़त का तत्काल राष्ट्रपति मार्कोस का परित्याग कर, अपना समर्थन वापिस ले लिया।

1. अरस्तू, 'द पॉलिटिक्स', अनुवाद : टी.ए. सिंक्लेयर (हारमंड्सवर्थ, मिडिलसेक्स, इंग्लैंड और बाल्टोमोर, मैरीलैंड : पेंग्विन बुक्स 1976 [1962], जिल्द V, अध्याय-12, पृ. 231-32)।

अहसास हुआ, तो उसने अगस्त 1991 में, सोवियत संघ में हार्ड-लाइन तख़्तापलट का प्रयास, राजनैतिक अवज्ञा से चन्द दिनों में ही अवरुद्ध हो गया। तत्पश्चात्, इसके कई लम्बे वर्चस्व वाले घटक राष्ट्र, केवल दिनों, सप्ताहों और महीनों में ही अपनी मुक्ति प्राप्त कर चुके थे।

पुरानी धारणा, कि हिंसक साधनों से हमेशा ज़ल्दी काम होता है और अहिंसक साधनों का मतलब दीर्घकालीन संघर्ष, सही नहीं है। हालाँकि अन्दरूनी परिस्थितियों और समाज में बदलाव के लिए, काफ़ी वक़्त लग सकता है, लेकिन तानाशाही के ख़िलाफ़ वास्तविक लड़ाई, अहिंसक संघर्ष द्वारा अपेक्षाकृत जल्दी होती है।

निरन्तर चलते युद्ध में, एक ओर विनाश और दूसरी ओर आत्मसमर्पण के बीच सौदेबाज़ी वार्ता ही एकमात्र विकल्प नहीं है। जो उदाहरण दिए गए हैं और जो अध्याय एक में सूचीबद्ध हैं, बताते हैं कि शान्ति और स्वतंत्रता चाहनेवाले लोगों के लिए एक और विकल्प मौजूद है, वह है : राजनीतिक अवज्ञा।

तीन

शक्ति के स्रोत क्या हैं?

एक ऐसे समाज का निर्माण करना, जिसमें शान्ति और स्वतंत्रता दोनों एक साथ मौजूद हों, कोई आसान काम नहीं है। इसके लिए महान रणनीतिक कौशल, प्रभावकारी संगठन और कारगर योजना बनाने की ज़रूरत होती है। और इन सबके अलावा सबसे महत्त्वपूर्ण है, शक्ति, पावर, ताक़त की ज़रूरत। लोकतंत्रवादी तब तक, किसी तानाशाह को अपदस्थ करने और राजनीतिक स्वतंत्रता की स्थापना करने की उम्मीद नहीं कर सकते, जब तक वे अपनी शक्ति का प्रभावशाली तरीक़े से सदुपयोग न करें।

लेकिन यक्ष प्रश्न यह है कि, यह सब कैसे सम्भव बनाया जा सकता है? किस प्रकार की शक्ति को लोकतांत्रिक विपक्ष लामबन्द कर सकता है, जो तानाशाही और उसके विशाल सैन्य व पुलिस के मकड़जाल को नष्ट करने के लिए पर्याप्त हो? इसका उत्तर राजनीतिक सत्ता-शक्ति के ताने-बाने और बारीक़ियों की समझ में है। यह एक ऐसा महत्त्वपूर्ण विषय है जिसे अक्सर हम लोग नज़रअन्दाज़ करने की भयंकर भूल कर जाते हैं। इस अन्तर्दृष्टि को समझना-सीखना, असलियत में इतना मुश्किल काम भी नहीं है। इसके कुछ बुनियादी सत्य तो काफ़ी सरल हैं।

'वानर-स्वामी' की नीति-कथा

चौदहवीं सदी की लियू-जी नाम के लेखक की एक चीनी नीति-कथा, राजनीतिक सत्ता-शक्ति की इस उपेक्षित समझ को समझाने में सहायक हो सकती है[1] :

> चीन के चू नाम के एक सामंती राज्य में एक वृद्ध व्यक्ति बन्दरों को अपनी सेवा में रखकर, अपना जीवन बसर करता था। चू शहर के लोग उसे 'जू गोंग' अर्थात् 'वानर-स्वामी' के नाम से पुकारते थे।
>
> हर सुबह, बूढ़ा बन्दरों को अपने आँगन में इकट्ठा करता था और सबसे बड़े बन्दर को आदेश देता था, कि वह बाक़ी बन्दरों का नेतृत्व करते हुए, उन्हें पहाड़ों पर ले जाए। पहाड़ों पर सभी बन्दर वहाँ के वृक्षों और झाड़ों से फल इकट्ठा करें। नियम यह था कि प्रत्येक बन्दर को अपने इकट्ठा किए फलों में से दसवाँ हिस्सा बूढ़े 'वानर-स्वामी' को देना होता था। जो बन्दर अपने काम में असफल होता था, उसे कोड़ों से पीटा जाता था। सभी बन्दर दुखी मन से इस पीड़ा को भुगतते थे, लेकिन किसी को भी इसका प्रतिरोध करने की हिम्मत नहीं होती थी।

---

1. यह कथा जिसका मूल शीर्षक 'रूल बाई ट्रिक्स' है लियू जी (1311-1375) द्वारा लिखित यू-ली-जी से है। इसका अनुवाद सिडनी ताइ द्वारा किया गया। सर्वाधिकार सुरक्षित। यू-ली-ज़ी लियू-जी का उपनाम भी है। इसका अनुवाद सबसे पहले 'नॉन-वायलेंट सैंक्शंस : न्यूज़ फ्रॉम द अल्बर्ट आइंस्टीन इंस्टीट्यूशन' (कैम्ब्रिज, मैसा.), खंड IV, संख्या 3 (शरद 1992-93), पृ. 3, में प्रकाशित हुआ।

एक दिन, एक छोटे बन्दर ने दूसरे बन्दरों से पूछा : "क्या फलों के सभी वृक्ष और झाड़ बूढ़े 'वानर-स्वामी' ने लगाए हैं?"

दूसरे बन्दरों ने उत्तर दिया : "नहीं, ये सभी वृक्ष और झाड़ तो प्राकृतिक रूप से स्वयं ही उगे हैं।"

छोटे बन्दर ने आगे फिर पूछा : "क्या हम बूढ़े 'वानर-स्वामी' की अनुमति के बग़ैर फल नहीं तोड़ सकते?"

दूसरों ने उत्तर दिया : "नहीं, हमें बूढ़े 'वानर-स्वामी' की अनुमति की कोई आवश्यकता नहीं है। हम चाहें तो उसकी अनुमति के बिना भी फल तोड़ सकते हैं।"

छोटे बन्दर ने फिर पूछा : "फिर हम बूढ़े 'वानर-स्वामी' पर क्यों निर्भर रहते हैं? हम उसकी सेवा-चाकरी क्यों करते हैं?"

इससे पहले कि छोटा बन्दर अपनी बात ख़तम कर पाता, सभी बन्दर अचानक ही 'प्रबुद्ध' हो चुके थे, उनकी आँखें खुल चुकी थीं, वे जागृत हो चुके थे।

उसी रात, जब बन्दरों ने देखा कि 'वानर-स्वामी' गहरी नींद के आगोश में डूब गया है, तो बन्दरों ने सभी आड़-बाड़ बाधाएँ ढहा दीं और बाड़ा तोड़ डाला। वे उन फलों को भी उठाकर ले गए, जो बूढ़े ने अपने भंडार में सँभालकर रखे हुए थे। सारे बन्दर जंगलों में भाग गए और फिर वो कभी वापिस लौटकर नहीं आए। बूढ़ा 'वानर-स्वामी' आख़िरकार एक दिन, भूख से तड़प-तड़पकर मर गया। ध्यान देने योग्य महत्त्वपूर्ण बात यह है कि, छोटे बन्दर ने अपनी बुद्धि का सदुपयोग किया, उसने सोचा। और उस छोटे बन्दर ने अपनी

सोच व विचार को बाक़ी बन्दरों के साथ साझा किया। हो सकता है कि उस छोटे बन्दर के सोचने से पहले भी कुछ अन्य बन्दरों के दिमाग़ में यही सोच, यही विचार उत्पन्न हुआ हो, लेकिन उन बन्दरों ने भय के कारण अपने विचार को अन्य बन्दरों के समक्ष व्यक्त ही नहीं किया।

यू-ली-ज़ी का कहना है : "दुनिया में बहुत से इनसान अपने लोगों पर किसी न्याय-परायण सिद्धान्त की बुनियाद पर शासन नहीं करते, बल्कि अपनी कुटिल-कमीनी चालों और ताल-तिकड़मबाज़ी के दम पर करते हैं। क्या वे 'वानर-स्वामी' जैसे नहीं हैं? लोग अपनी मूढ़ता, नासमझी के प्रति जागरूक नहीं होते। जैसे ही लोग 'प्रबुद्ध' हो जाते हैं, 'वानर-स्वामी' जैसों की सभी चालें और तिकड़म धरी-की-धरी रह जाती हैं, वो उनके किसी काम नहीं आतीं।"

राजनीतिक शक्ति के आवश्यक स्रोत

सिद्धान्त बहुत सरल है। तनाशाहों को उन लोगों की सहायता और सहयोग की ज़रूरत होती है, जिन लोगों पर वे शासन करते हैं। जनता का सहयोग और सहायता, तानाशाह का ऑक्सीजन है, प्राणवायु है। जनता के सहयोग और सहायता के बिना, तानाशाह का अस्तित्व अधिक समय तक क़ायम नहीं रह सकता। वे कौन से राजनीतिक स्रोत हैं, जो तानाशाह को शक्ति देते हैं? राजनीतिक शक्ति के स्रोतों में निम्नलिखित शामिल हैं :

- **प्राधिकार (Authority) :** आम जनता के मन में यह विश्वास कि शासन वैध है और इस शासन

के आदेशों का पालन करना जनता का नैतिक कर्तव्य है।

- **मानव संसाधन (Human Resources) :** उन व्यक्तियों और समूहों की संख्या और महत्त्व, जो आज्ञापालन कर रहे हैं, सहयोग कर रहे हैं, सहकारी हैं, या शासकों को सहायता प्रदान कर रहे हैं।

- **कौशल और ज्ञान (Skills & Knowledge) :** शासन द्वारा विशिष्ट कार्यों को करने के लिए, कौशल और ज्ञान की आवश्यकता होती है, जिसकी आपूर्ति सहयोगी, सहकारी व्यक्तियों और समूहों द्वारा की जाती है।

- **अमूर्त कारक (Intangible Factors) :** वे मनोवैज्ञानिक और वैचारिक कारक, जो शासकों की बात मानने और उनकी सहायता करने के लिए लोगों को प्रेरित कर सकते हैं।

- **भौतिक संसाधन (Material Resources) :** शासकों का सम्पत्ति, प्राकृतिक और नैसर्गिक संसाधनों, वित्तीय संसाधनों, अर्थ-व्यवस्था, संचार के साधनों और परिवहन पर किस हद तक पहुँच और नियंत्रण है।

- **प्रतिबन्ध (Sanctions) :** आदेश न माननेवाले उद्दंड लोगों के ख़िलाफ़ दंड देने या दंड देने की धमकी की व्यवस्था; जिसके द्वारा ऐसे हठी लोगों का समर्पण, सहयोग सुनिश्चित किया जा सके। शासन के अस्तित्व को बरकरार रखने के लिए

और शासन की नीतियों को आगे बढ़ाने के लिए
यह सहयोग परम आवश्यक है।

सत्ता-शक्ति के ये सभी स्रोत, जनता द्वारा शासन की स्वीकृति पर निर्भर करते हैं; जनता द्वारा अधीनता की स्वीकृति और आज्ञाकारिता पर निर्भर करते हैं; और असंख्य लोगों व समाज के कई संस्थानों के सहयोग पर निर्भर करते हैं। किसी भी शासन को, इन सभी के सहयोग मिलने की, कोई पक्की गारंटी नहीं होती है।

पूर्ण सहयोग, आज्ञाकारिता और समर्थन, सत्ता-शक्ति के आवश्यक स्रोतों की उपलब्धता में वृद्धि करेगा और, परिणामस्वरूप किसी भी सरकार की सत्ता-शक्ति की क्षमता में भी वृद्धि करेगा।

दूसरी ओर, आक्रमणकारियों और तानाशाहों को यदि लोकप्रिय और संस्थागत सहयोग से वंचित कर दिया जाए या फिर इसे कम भी कर दिया जाए, तो तानाशाह को सत्ता-शक्ति के स्रोतों की उपलब्धता घटेगी। क्योंकि सभी शासक सत्ता-शक्ति के स्रोतों की उपलब्धता पर निर्भर करते हैं, इसलिए उन स्रोतों की उपलब्धता के बिना, शासकों की सत्ता-शक्ति कमज़ोर और क्षीण होती चली जाती है और अन्ततः विलुप्त और समाप्त हो जाती है।

स्वाभाविक रूप से तानाशाह उन कृत्यों और विचारों के प्रति संवेदनशील होते हैं, जो कृत्य और विचार, उनकी मनमानी करने की क्षमता को ख़तरे में डालते हैं। इसीलिए तानाशाह ऐसे सभी लोगों को धमकाते हैं या दंडित करते हैं जो तानाशाह के हुकुम की तामील नहीं करते, हड़ताल करते हैं, या सहयोग नहीं करते। लेकिन कहानी का अन्त यहीं नहीं होता। दमन और ज़ुल्मो-सितम, ज़रूरी नहीं कि हुक्मरान को शासन चलाने

के लिए आवश्यक सहयोग और समर्पण दिलवाने में हमेशा क़ामयाब ही रहें। बल्कि इस प्रकार की क्रूरताओं का असर अक्सर उलटा ही होता है।

यदि दमन के बावजूद, तानाशाह की सत्ता-शक्ति के स्रोतों को प्रतिबन्धित किया जा सकता है, या फिर पर्याप्त समय के लिए विच्छेदित किया जा सकता है; तो इसका प्रारम्भिक परिणाम यह होगा कि इससे तानाशाही के भीतर अनिश्चितता और भ्रम उत्पन्न हो जाएगा। आगे चलकर, तानाशाही की शक्ति स्पष्ट रूप से कमज़ोर हो जाएगी। कालांतर में सत्ता-शक्ति के स्रोतों को रोककर, शासन को पंगु और नपुंसक बनाया जा सकता है। और यदि शक्ति-स्रोतों के प्रतिबन्ध की मात्रा अधिक हो जाए, तो तानाशाही विघटित होकर, टूटे हुए काँच के टुकड़ों की तरह बिखर जाएगी। राजनीतिक सत्ता-शक्ति की भुखमरी का शिकार होकर, तानाशाहों की सत्ता-शक्ति चाहे धीरे-धीरे या फिर तेज़-तेज़, लेकिन आख़िरकार मृत्यु को प्राप्त करेगी।

किसी भी सरकार में स्वतंत्रता या अत्याचार की मात्रा किस सीमा तक है, यह इस बात पर निर्भर करता है कि शासित लोगों में, स्वतंत्रता के प्रति दृढ़-निश्चय की मात्रा कितनी है और तानाशाह द्वारा उनको ग़ुलाम बनाने के प्रयासों का विरोध करने की उनकी क्षमता की मात्रा कितनी है।

आम राय के विपरीत सर्वाधिकारी, सर्वसत्तात्मक, अधिनायक-वादी तानाशाह भी, वे जिस आबादी और समाजों पर शासन करते हैं, सत्ता-शक्ति के स्रोतों के लिए, वे उसी आबादी और उन्हीं समाजों पर काफ़ी हद तक निर्भर करते हैं। जैसा कि 1953 में राजनीतिक वैज्ञानिक कार्ल डब्ल्यू. डोइच ने फ़रमाया :

> "अधिनायकवादी सर्वसत्तात्मक सर्वाधिकारी शक्ति तभी मज़बूत होती है, जब उसे इन शक्तियों का

> बार-बार इस्तेमाल न करना पड़े। यदि अधिनायकवादी सर्वसत्तात्मक सर्वाधिकारी शक्ति का उपयोग बार-बार करना पड़े और पूरी की पूरी आबादी के ख़िलाफ़ करना पड़े, तब यह अधिनायकवादी सर्वसत्तात्मक सर्वाधिकारी शक्ति दीर्घकाल तक शक्तिशाली नहीं रह सकती। चूँकि अधिनायकवादी सर्वसत्तात्मक शासन को अपने शासित लोगों पर शासन करने के लिए, अन्य प्रकार के शासनों की तुलना में, अधिक शक्ति की आवश्यकता पड़ती है; इसलिए इस प्रकार के शासनों को शासित लोगों में और अधिक व्यापक और भरोसेमंद अनुपालन की आदतों की ज़रूरत पड़ती है; और उससे भी अधिक उन्हें, जब-जब भी इस शक्ति की आवश्यकता पड़े, आबादी के एक महत्त्वपूर्ण बड़े भाग के सक्रिय समर्थन का भरोसा हमेशा रहना चाहिए।"[1]

उन्नीसवीं सदी के अँगरेज़ क़ानूनी सिद्धान्तकार जॉन ऑस्टिन ने एक तानाशाह से असन्तुष्ट लोगों के साथ टकराव की स्थिति का वर्णन किया है। ऑस्टिन ने तर्क दिया कि यदि अधिकांश आबादी सरकार को नष्ट करने के लिए दृढ़-संकल्प कर ले; और ऐसा करने के लिए वह दमन सहने के लिए भी तैयार हो जाए, तब सरकार की ताक़त, उनके सहित जो इस सरकार का समर्थन करते हैं, ऐसी सरकार का सरंक्षण नहीं कर सकती, भले ही ऐसी सरकार को विदेशी समर्थन भी क्यूँ न प्राप्त हो जाए। उद्दंड, हठी, अवज्ञापूर्ण लोगों को, स्थायी आज्ञाकारिता

---

1. कार्ल डब्ल्यू. डोइच, 'क्रैक्स इन द मोनोलिथ' कार्ल जे. फ्रेडरिक द्वारा सम्पादित 'टोटेलियेरियनिज़्म' (कैम्ब्रिज, मैसा. : हार्वर्ड यूनिवर्सिटी, प्रेस, 1954), में, पृ. 313-14

और अधीनता के लिए मजबूर नहीं किया जा सकता, यह ऑस्टिन का निष्कर्ष है।[1]

निकोलो मैकियावेली ने बहुत पहले तर्क दिया था कि वह राजा, "...पूरी की पूरी जनता जिसकी शत्रु हो, स्वयं को कभी भी सुरक्षित नहीं रख सकता। और ऐसे राजा की क्रूरता, उसका ज़ुल्म और उसकी ज़्यादतियाँ, जितनी अधिक बढ़ेंगी, जिस गति से बढ़ेंगी, उतनी ही गति से और उतना ही अधिक उसका शासन कमज़ोर होता जाएगा।"[2]

इस अन्तर्दृष्टि का व्यावहारिक राजनीतिक अनुप्रयोग, नाज़ी क़ब्ज़े के ख़िलाफ़ नॉर्वे के बहादुर प्रतिरोधक लोगों द्वारा प्रदर्शित किया गया था। जैसा कि अध्याय एक में बताया गया है—शूरवीर पोल, जर्मन, चेक, स्लोवाक और कई अन्य, जिन्होंने कम्यूनिस्ट आक्रामकता और तानाशाही का विरोध किया था और अन्ततः यूरोप में कम्यूनिस्ट शासन का पतन करने में अहम भूमिका निभाई थी, उन्होंने इसी दृष्टि का व्यावहारिक राजनीतिक अनुप्रयोग किया था। यह निश्चित रूप से कोई नई और विचित्र घटना नहीं है : 'अहिंसक प्रतिरोध' के मामले, कम-से-कम 494 ईस्वी पूर्व में भी होते थे, जब प्लेबियन्स (Plebelans) ने अपने रोमन पैट्रिशियन (Patrician) स्वामियों के साथ सहयोग करना बन्द कर दिया था।[3] अहिंसक संघर्ष को लोगों द्वारा, भिन्न-भिन्न समय पर अनेकों बार प्रयोग किया गया है और ऐसा पूरे एशिया,

1. जॉन ऑस्टिन, *लेक्चर्स ऑन ज्यूरिसप्रूडेंस* और द *फ़िलॉसफ़ी ऑफ़ पावर लॉ* (पाँचवाँ संस्करण, परिवर्द्धित एवं सम्पादित : रॉबर्ट कैम्पबेल, खं.-2, लन्दन : जॉन मुरे [1911 (1861)]), खं.-1, पृ. 296
2. निकोलो मैकियाविली, 'द डिस्कोर्स ऑन द फ़र्स्ट टेन बुक्स ऑफ़ लिवी', द *डिस्कोर्स ऑफ़ निकोलो मैकियाविली* (लन्दन : रुटलेज व कीगन पॉल, 1950), खंड-1, पृ. 254
3. देखें : जीन शार्प, द *पॉलिटिक्स ऑफ़ नॉन-वायलेंट एक्शन* (बोस्टन : पोर्टर सार्जेंट, 1973), पृ. 75; और कुछ अन्य ऐतिहासिक उदाहरण।

अफ्रीका, अमेरिका, ऑस्ट्रेलिया और प्रशान्त महासागर के द्वीपों तथा यूरोप में भी हुआ है।

तीन अति महत्त्वपूर्ण कारक जो यह निर्धारित करते हैं कि सरकार की शक्ति किस हद तक नियंत्रित अथवा अनियंत्रित होगी; इस प्रकार हैं :

(1) सरकार की शक्ति पर अंकुश लगाने की शासित लोगों की सापेक्ष (Relative) शक्ति।

(2) शासित लोगों के स्वतंत्र संगठनों और संस्थानों की सामूहिक रूप से शक्ति के स्रोतों को वापस लेने की सापेक्ष (Relative) शक्ति।

(3) शासित लोगों की आबादी की, अपनी सहमति और सहायता को रोककर रखने की सापेक्ष (Relative) क्षमता।

लोकतांत्रिक सत्ता-शक्ति के केन्द्र

किसी भी लोकतांत्रिक समाज की एक विशेषता यह होती है कि राज्य में स्वतंत्र रूप से ढेर सारे ग़ैर-सरकारी समूह और संस्थान मौजूद रहते हैं। इनमें शामिल हैं, उदाहरण के लिए, परिवार, धार्मिक संगठन, सांस्कृतिक संगठन, खेल-क्रीड़ा क्लब, आर्थिक संस्थान, मज़दूर यूनियन, छात्र संघ, राजनीतिक दल, गाँव, अड़ोस-पड़ोस (Neighborhood) संगठन, बागबानी क्लब, मानवाधिकार संगठन, गीत-संगीत समूह, साहित्यिक संगठन और अन्य। अपने स्वयं के उद्देश्य की प्राप्ति और सामाजिक आवश्यकताओं की पूर्ति के लिए, इस तरह की संस्थाएँ अति-महत्त्वपूर्ण हैं।

इसके अतिरिक्त, इन संस्थाओं का राजनीतिक महत्त्व बहुत अधिक है। वे समूह और संस्थागत आधार प्रदान करती हैं, जिसके द्वारा लोग समाज की दिशा को प्रभावित कर सकते हैं तथा अन्य समूहों व सरकार का प्रतिरोध कर सकते हैं, उस परिस्थिति में जब उन्हें महसूस हो कि ये उनके हितों, गतिविधियों, या उद्देश्य में अनुचित रूप से हस्तक्षेप और उल्लंघन कर रहे हैं। एक अकेला अलग-थलग पड़ा व्यक्ति, जो इस तरह के समूहों का सदस्य नहीं है, बाक़ी के समाज पर कोई महत्त्वपूर्ण प्रभाव डालने में सर्वदा असमर्थ रहता है। जैसे एक अकेला चना भाड़ नहीं फोड़ सकता, वैसे ही एक अकेला व्यक्ति सरकार को बहुत ही कम प्रभावित कर पाएगा और रही बात तानाशाही की, तो तानाशाही पर तो एक अकेले व्यक्ति का प्रभाव बिलकुल ही शून्य होता है।

नतीजतन, यदि ऐसी संस्थाओं की स्वायत्तता और स्वतंत्रता तानाशाहों द्वारा ख़त्म कर दी जाए, तो जनता अपेक्षाकृत असहाय, लाचार और बेबस हो जाएगी। साथ ही, यदि इन संस्थाओं को तानाशाही केन्द्रीय शासन द्वारा नियंत्रित कर सके या इन संस्थानों के स्थान पर, इनके बदले, नए नियंत्रित संस्थानों को प्रतिस्थापित कर दिया जाए, तो उन परिस्थितियों में, उनका उपयोग व्यक्तिगत सदस्यों और समाज के उन क्षेत्रों के ऊपर प्रभुत्व जमाने के लिए किया जा सकता है।

लेकिन यदि इन स्वायत्त और स्वतंत्र नागरिक संस्थानों (जो सरकारी नियंत्रण से बाहर हैं) की स्वतंत्रता को अक्षुण्ण रखा जा सकता है या उन्हें पुनः प्राप्त किया जा सकता है, तो फिर ये संस्थान राजनीतिक अवज्ञा व अवहेलना के इस्तेमाल के लिए अत्यधिक महत्त्वपूर्ण हैं। तानाशाही के विघटन और कमज़ोर करने के उल्लिखित उदाहरणों की एक साझा विशेषता यह है कि इन सभी में आम जनता और उसके संस्थानों द्वारा

साहसी, सामूहिक राजनीतिक अवज्ञा व अवहेलना का इस्तेमाल किया गया है।

जैसा कि पहले भी कहा गया है, कि सत्ता-शक्ति के ये केन्द्र, एक ऐसा संस्थागत आधार प्रदान करते हैं, जिससे आम जनता तानाशाही के नियंत्रणों का प्रतिरोध कर सकती है, या फिर तानाशाही पर दबाव डाल सकती है। भविष्य में यह सत्ता-शक्ति के केन्द्र, एक स्वतंत्र समाज के संरचनात्मक आधार का अपरिहार्य और अनिवार्य हिस्सा होंगे। इनकी निरन्तर स्वतंत्रता और विकास, मुक्ति-संघर्ष की सफलता के लिए एक अनिवार्य शर्त है।

यदि तानाशाही, समाज की स्वतंत्र संस्थाओं को नष्ट करने या नियंत्रित करने में काफ़ी हद तक सफल रही है, तो विरोधियों के लिए महत्त्वपूर्ण होगा कि वे नए स्वतंत्र सामाजिक समूह और संस्थानों की रचना करें, या फिर वे बची-खुची या आंशिक रूप से नियंत्रित संस्थाओं में, लोकतांत्रिक नियंत्रण को पुनर्स्थापित करें। 1956-57 की हंगरी क्रान्ति के दौरान काफ़ी सारे प्रत्यक्ष लोकतंत्र परिषद उभरे, यहाँ तक कि उन्होंने आपस में मिलकर कुछ हफ़्तों तक के लिए, संस्थानों और शासन की एक पूरी संघीय प्रणाली बना डाली। 1980 के दशक में पोलैंड में कामगारों ने अवैध एकजुटता यूनियन (Solidarity Union) बनाए रखा और कुछ मामलों में आधिकारिक कम्यूनिस्ट वर्चस्व वाली ट्रेड यूनियनों का नियंत्रण अपने हाथ में ले लिया। ऐसे संस्थागत विकासों के अतिमहत्त्वपूर्ण राजनीतिक परिणाम हो सकते हैं।

बेशक इसका अर्थ यह नहीं है कि तानाशाही को कमज़ोर करना और नष्ट करना कोई आसान काम है और न ही यह कि ऐसी हर कोशिश क़ामयाब ही होगी। इसकी कोई गारंटी नहीं है। और इसका अर्थ यह भी नहीं है कि संघर्ष में लोग हताहत

नहीं होंगे, क्योंकि वे लोग जो अभी भी तानाशाह की सेवा में लगे हैं, वे जी-जान लगाकर लड़ेंगे और हरचन्द कोशिश करेंगे कि जनता को एक बार फिर से सहयोग और आज्ञाकारिता के लिए मजबूर कर दिया जाए।

सत्ता-शक्ति की उपरोक्त अन्तर्दृष्टि का निष्कर्ष यह है कि तानाशाही शासन का, सुविचारित, जानबूझकर, सोच-समझकर, मन बनाकर विघटन करना सम्भव है। तानाशाही शासनों में ख़ास तौर पर कुछ विशेष गुण-दोष, कुछ विशेष विशेषताएँ होती हैं, जो तानाशाही शासनों को, कुशलतापूर्वक इस्तेमाल की गई राजनीतिक अवज्ञा व अवहेलना के लिए, बहुत अधिक सुभेद्य बनती हैं। आइए, अगले अध्याय में हम इन विशेषताओं की और अधिक विस्तार से जाँच करें।

चार

तानाशाही की भी अपनी कमज़ोरियाँ होती हैं

सतही तौर पर देखने से अक्सर तानाशाही अभेद्य और तानाशाह अजेय दिखाई पड़ते हैं। ख़ुफ़िया एजेंसियाँ, पुलिस और सैन्य-बल, जेलें, यातना शिविर और मारक दस्ते, मुट्ठी-भर शक्तिशाली व्यक्तियों द्वारा नियंत्रित किए जाते हैं। देश के वित्त और प्राकृतिक साधन तथा उत्पादन क्षमता अक्सर मनमाने ढंग से तानाशाहों द्वारा लूटे जाते हैं। देश की सम्पूर्ण क्षमता, तानाशाह की इच्छापूर्ति के लिए न्योछावर कर दी जाती है।

इसकी तुलना में लोकतांत्रिक विपक्षी ताक़तें अक्सर बेहद कमज़ोर, अप्रभावी और शक्तिहीन दिखाई पड़ती हैं। इस अभेद्यता के विरुद्ध शक्तिहीनता की धारणा, प्रभावी विरोध को असम्भाव्य बना देती है। लोकतांत्रिक विपक्षी ताक़तों का मनोबल तोड़ देती है।

लेकिन यह सम्पूर्ण सत्य नहीं है।

अकिलीज़ एड़ी अर्थात् कमज़ोर कड़ी की खोज करना

ग्रीस देश का एक प्राचीन मिथकीय उदाहरण, ऊपर से सतही तौर पर किसी अभेद्य दिखाई पड़नेवाले की सुभेद्यता को भली प्रकार से स्पष्ट कर देता है। योद्धा अकिलीज़ के बारे में यह माना जाता

था कि कोई भी तीर, तलवार, भाला आदि हथियार उसके जिस्म को काट नहीं सकते, कोई भी प्रहार उसे घायल नहीं कर सकता। जब अकिलीज़ एक छोटा-सा बच्चा ही था, तब ही उसकी माँ ने उसे एक दैवीय शक्ति वाली चमत्कारी पवित्र नदी 'स्टिक्स' में डुबकी लगवा दी थी, जिसके वरदान से उसके शरीर को सभी ख़तरों से सुरक्षा प्राप्त हो गई। लेकिन एक कमज़ोरी अभी बाक़ी बची थी। चूँकि अकिलीज़ एक छोटा बच्चा था, इसलिए उसकी माँ ने उसे पाँव की एड़ी से पकड़कर, पवित्र 'स्टिक्स' नदी में डुबकी लगवाई थी, ताकि कहीं ऐसा न हो कि बालक नदी के तेज़ बहाव में बह जाए। इसी कारण से नदी के दैवी-शक्ति वाले पवित्र जल ने उसकी एड़ी को नहीं छुआ था। नतीजन अकिलीज़ की एड़ी भेद्य थी, जबकि उसका बाक़ी का सारा जिस्म अभेद्य था। जब अकिलीज़ जवान हुआ तो वह शत्रुओं के हथियारों से अभेद्य माना जाता था। लेकिन ट्रॉय के युद्ध में, अकिलीज़ की कमज़ोरी के जानकार के निर्देश पर, एक शत्रु सैनिक ने अकिलीज़ की असुरक्षित और सुभेद्य एड़ी पर तीर से निशाना साधा। यही वह एकमात्र स्थान था, जहाँ पर अकिलीज़ को भेदा जा सकता था। उस तीर का प्रहार अकिलीज़ के लिए प्राणघातक साबित भी हुआ। आज भी, 'अकिलीज़ हील' वाक्यांश सन्दर्भित करता है, कि यदि किसी व्यक्ति, किसी योजना या किसी संस्था के असुरक्षित सुभेद्य भाग पर हमला हुआ, तो कोई सुरक्षा नहीं है।*

---

* अपने भारतवर्ष में भी ऐसे कई मिथकीय उदाहरण हैं। रामायण में अजेय अमर अभेद्य समझे जानेवाले रावण की कमज़ोरी उसकी नाभि में रखा अमृत-कलश है, जिसके रहस्य का खुलासा रावण का भाई विभीषण, राम से कर देता है। तब राम, रावण की नाभि को लक्ष्य बनाकर बाण चलाकर उस अमृत-कलश को भेद देते हैं। इस प्रकार से अजेय, अमर, अभेद्य समझे जानेवाले रावण का अन्ततः वध हो जाता है। महाभारत में श्रीकृष्ण, जरासंध के शरीर की संधि का रहस्य खोलकर उसका वध

यह सिद्धान्त क्रूर तानाशाही पर भी लागू होता है। तानाशाही को भी तेज़ी से और कम-से-कम नुक़सान उठाकर पराजित किया जा सकता है, यदि तानाशाही की कमज़ोरियों को पहचानकर, उन्हीं कमज़ोरियों पर प्रहार केन्द्रित किए जाएँ।

तानाशाही की कमज़ोरियाँ

तानाशाही की अनेकों कमज़ोरियों में कुछ निम्नलिखित हैं :

(1) तानाशाही को व्यवस्था चलाने के लिए बहुत सारे लोगों, समूहों और संस्थानों के सहयोग की आवश्यकता पड़ती है। यह सहयोग कम किया जा सकता है या फिर शत-प्रतिशत रोका जा सकता है।

(2) शासन की पिछली नीतियों की आवश्यकताएँ और प्रभाव कुछ हद तक, उन नीतियों की विरोधी नीति

करवाते हैं। इसी प्रकार दुर्योधन का शरीर भी उसकी माँ ने अपनी बरसों से बँधी पट्टी को खोलकर वज्र बना दिया था, अभेद्य बना दिया था। लेकिन दुर्योधन अपनी माँ के सामने लँगोट पहनकर गया था, इसलिए लँगोट वाला शरीर का हिस्सा भेद्य था। भीम अन्ततः अपनी गदा का प्रहार दुर्योधन के लँगोट वाले भाग पर करता है और अभेद्य वज्र शरीर वाले माने जानेवाले दुर्योधन का वध हो जाता है।

आधुनिक युग में रणनीति बनाने में, 'Swot' विश्लेषण का बहुत चलन है। इसका अर्थ है अपनी और शत्रु की Strength अर्थात् शक्ति, Weakness अर्थात् कमज़ोरी का पता लगाना और Opportunity अर्थात् अवसर और थ्रेट्स अर्थात् ख़तरे का आकलन और विश्लेषण करके कारगर रणनीति बनाना।

—अनुवादक

अपनाने और लागू करने की क्षमताओं को सीमित करते हैं।

(3) व्यवस्था का संचालन एक रूटीन नित्यकर्म बन जाता है और आगे चलकर एक ढर्रे में फँसकर चलता हुआ, किसी नई परिस्थिति से तेज़ी से समायोजन करने में, सामंजस्य और उसके अनुरूप होने में असमर्थ हो जाता है।

(4) मौजूदा कार्यों के लिए, पहले से आवंटित कर्मचारी और संसाधन, नई आवश्यकताओं के लिए आसानी से उपलब्ध नहीं हो पाते।

(5) अधीनस्थ कर्मचारी इस डर से कि कहीं उनके वरिष्ठ अधिकारी नाराज़ न हो जाएँ, अपने अधिकारियों को सही और पूरी जानकारी व सूचनाएँ नहीं देते। जानकारियों और सूचनाओं से वंचित तानाशाह सही निर्णय लेने में अक्षम साबित होते हैं।

(6) विचारधारा का क्षय और क्षरण हो सकता है। मिथक और व्यवस्था के प्रतीक अस्थिर हो सकते हैं।

(7) यदि एक मज़बूत विचारधारा मौजूद है, जिसका चश्मा वास्तविकता की सही तस्वीर देखने को प्रभावित करता है, तो ऐसी विचारधारा से चिपके रहने से वास्तविक परिस्थितियों और आवश्यकताओं की अनदेखी हो सकती है।

(8) नौकरशाही की लगातार बिगड़ती हुई दक्षता, कार्यकुशलता और सामर्थ्य या फिर अत्यधिक नियंत्रण और विनियम; व्यवस्था की नीतियों और संचालन को निष्प्रभावी बना सकते हैं।

(9) आन्तरिक संस्थागत टकराव और व्यक्तिगत प्रतिद्वंद्विता और शत्रुता, तानाशाही के संचालन को अत्यधिक हानि पहुँचा सकते हैं, यहाँ तक कि बाधित भी कर सकते हैं।

(10) बुद्धिजीवी और छात्र, परिस्थितियों, प्रतिबन्धों, कोरे-सिद्धान्तवाद और दमन-उत्पीड़न के कारण, बेचैन व असन्तुष्ट हो सकते हैं।

(11) आम जनता समय बीतने पर उदासीन, शंकालु और शासन के प्रति शत्रुतापूर्ण हो सकती है।

(12) क्षेत्रीय, वर्गीय, सांस्कृतिक और राष्ट्रीय मतभेद तीक्ष्ण, विकट और कर्कश बन सकते हैं।

(13) तानाशाही का शक्ति-पदानुक्रम कुछ हद तक, हमेशा ही अस्थिर रहता है, लेकिन कई बार तो बहुत ही अधिक अस्थिर हो जाता है। तानाशाही के लिए काम करनेवाले व्यक्ति, एक ही रैंक या स्थिति में नहीं रहते, उनके रैंक, पद, स्थितियाँ, शक्तियाँ ऊपर-नीचे, घटती-बढ़ती रहती हैं। अनेकों बार उनको पूरी तरह से हटाकर किसी अन्य व्यक्ति द्वारा प्रतिस्थापित कर दिया जाता है। यह सब तानाशाह के रोज़ बदलते मूड के अनुसार होता रहता है।

(14) पुलिस और सैन्य बलों के कुछ दस्ते, अपनी निजी स्वार्थ-पूर्ति और उद्देश्यों को प्राप्त करने के लिए, ख़ुदमुख़्तार और स्वच्छंद रूप में कार्य करते हैं। अनेकों बार ये स्थापित तानाशाही के विरुद्ध ही काम करते हैं और कई बार तो तख़्तापलट भी कर देते हैं।

(15) यदि तानाशाही नई-नई है, तो इसके पूरी तरह से स्थापित होने में, इसकी जड़ें गहरी और मज़बूत होने में, कुछ समय लगता है।

(16) तानाशाही में मुट्ठी-भर लोगों को ढेर सारे फ़ैसले करने पड़ते हैं। ऐसे में सही आकलन, मूल्यांकन, नीति और कार्यवाही की ग़लती होने की प्रबल सम्भावना रहती है।

(17) यदि शासन इन ख़तरों से बचने का प्रयास करता है और नियंत्रण और निर्णय लेने का विकेन्द्रीकरण करता है, उस स्थिति में सत्ता के केन्द्रीय हत्थे पर इसका नियंत्रण और भी अधिक कमज़ोर हो सकता है।

तानाशाही की कमज़ोरियों पर आक्रमण

ऐसी अन्तर्निहित अन्दरूनी कमज़ोरियों की जानकारी के साथ, लोकतांत्रिक विपक्ष, कमज़ोरी को अपने सक्रिय प्रयासों द्वारा और अधिक बढ़ाने की कोशिश कर सकता है, ताकि तानाशाही व्यवस्था में एक बड़ा बदलाव लाया जा सके या फिर इसको पूर्ण रूप से विघटित किया जा सके।

निष्कर्ष एक़दम स्पष्ट है : शक्ति की ऊपरी और बाहरी महाशक्ति होने के दिखावे के बावजूद, सभी तानाशाहियों में अन्दरूनी कमज़ोरियाँ रहती हैं। आन्तरिक अक्षमताएँ, व्यक्तिगत टकराव व प्रतिद्वंद्विताएँ, संस्थागत अक्षमताएँ और तानाशाही के विभिन्न संगठनों और विभागों के बीच टकराव भी रहते हैं। ये कमज़ोरियाँ समय के साथ-साथ शासन का प्रभाव घटाती हैं और बदलती परिस्थितियों और सुविचारित योजनाबद्ध प्रतिरोध के प्रति

शासन को सुभेद्य बनाती हैं। शासन जो करना या साधना चाहता है, हमेशा सध नहीं पाता। कई बार तो, उदाहरण के लिए, हिटलर के भी प्रत्यक्ष आदेशों पर कार्यवाही नहीं होती थी, क्योंकि वे लोग जो पदानुक्रम में हिटलर के नीचे थे, उन्हें लागू करने में संकोच करते थे या लागू ही नहीं करते थे, यदि उसमें उन्हें कुछ नुक़सान नज़र आता था। जैसी कि पहले भी चर्चा की गई है, तानाशाही शासन कई बार बहुत तेज़ी से रेत के महल की तरह भरभराकर ध्वस्त हो जाता है।

इस सबका मतलब यह क़तई नहीं है कि बिना जोख़िम उठाए, बिना हताहत हुए और बिना जान-ओ-माल के नुक़सान के, तानाशाही को नष्ट किया जा सकता है। मुक्ति के सभी मार्गों में, जोख़िम, कष्ट, दुख, जान-ओ-माल का नुक़सान होने की सम्भावनाएँ हमेशा ही बनी रहती हैं। इसमें काफ़ी वक़्त भी लगता है। और, ज़ाहिर है, ऐसा कोई मुक्ति मार्ग या मुक्ति की कार्रवाई नहीं है, जो सभी परिस्थितियों में त्वरित मुक्ति की गारंटी दे सके। हालाँकि इस प्रकार के संघर्ष, जो तानाशाही की पहचानी गई कमज़ोरियों को लक्ष्य बनाते हैं, ऐसे संघर्षों की सफलता की सम्भावनाएँ अधिक होती हैं; बनिस्बत उन संघर्षों के, जो तानाशाही के स्पष्ट रूप से सशक्त और मज़बूत भाग को लक्षित करते हैं। प्रश्न यह है कि कैसे इस संघर्ष को छेड़ा जाए, संचालित किया जाए!

पाँच

शक्ति का प्रयोग

अध्याय एक में हमने देखा था, कि तानाशाही के ख़िलाफ़ 'सैन्य प्रतिरोध' वहाँ प्रहार नहीं करता, जहाँ तानाशाही सबसे कमज़ोर है, उलटे वहाँ प्रहार करता है, जहाँ तानाशाही सबसे मज़बूत है। सैन्य बलों, गोला-बारूद की आपूर्ति, हथियारों की तकनीक और इसी प्रकार के हिस्सों में तानाशाही से मुक़ाबला करके, प्रतिरोध-आन्दोलन ख़ुद को विशिष्ट हानि वाली प्रतिकूल परिस्थिति में फँसा लेते हैं। सशस्त्र सेना बल के महकमे में तानाशाह लगभग हमेशा बेहतर संसाधन जुटाने में सक्षम होते हैं। इसके साथ ही, विदेशी ताक़तों पर मुक्ति के लिए निर्भर रहने के ख़तरों को भी रेखांकित किया गया था। अध्याय दो में हमने सौदेबाज़ी वार्ता को तानाशाह को अपदस्थ करने के साधन के रूप में इस्तेमाल करने की समस्या की भी जाँच की थी।

फिर वे कौन से साधन उपलब्ध हैं जो लोकतांत्रिक प्रतिरोध को विशिष्ट लाभकारी स्थिति में ला खड़ा करेंगे और तानाशाही की ढूँढ़-ढूँढ़ कर विश्लेषण व विवेचना द्वारा निदान कर ली गई कमज़ोरियों को और अधिक बढ़ाने, गम्भीरतर करने का काम करेंगे? कार्रवाई की ऐसी कौन सी तकनीक होगी, जो राजनीतिक सत्ता-शक्ति के सिद्धान्त पर आधारित होगी, (जिस पर अध्याय

तीन में विस्तार से गहन चर्चा हुई थी) और राजनीतिक सत्ता-शक्ति के सिद्धान्त का पूरा-पूरा लाभ उठाएगी? एकमात्र विकल्प है—राजनीतिक अवज्ञा और अवहेलना।

राजनीतिक अवज्ञा की विशेषताएँ निम्नलिखित हैं :

- राजनीतिक अवज्ञा यह स्वीकार नहीं करती कि परिणाम तानाशाह द्वारा चुनी गई लड़ाई से तय किया जाएगा।
- इसका मुक़ाबला करना शासन के लिए कठिन है।
- यह अपने अनोखे अन्दाज़ से तानाशाही की कमज़ोरियों की संख्या और गम्भीरता में वृद्धि कर सकती है, साथ में तानाशाही की सत्ता-शक्ति के स्रोतों को काट और बन्द कर सकती है।
- इसकी कार्रवाई को व्यापक रूप से फैलाया जा सकता है, लेकिन यदि आवश्यकता पड़े तो किसी विशिष्ट लक्ष्य पर केन्द्रित भी किया जा सकता है।
- इसके कारण तानाशाह अपने निर्णयों और कार्रवाई करने में अक्सर ग़लतियों का शिकार हो जाते हैं।
- यह समग्र रूप से पूरी आबादी का प्रभावी ढंग से सदुपयोग कर सकती है और समाज के समूहों और संस्थानों का भी संघर्ष में इस्तेमाल कर सकती है, ताकि मुट्ठी-भर लोगों के दमनकारी वर्चस्व को सम्पूर्ण नष्ट किया जा सके।
- यह प्रभावी शक्ति को समाज में फैलाने और शक्ति के समाज में वितरण में सहायता करती है। इस प्रकार लोकतांत्रिक समाज की स्थापना और रख-रखाव को यह सम्भव बनाती है।

अहिंसक संघर्ष के कामकाज के तरीक़े

सैन्य क्षमताओं के समान, राजनीतिक अवज्ञा का भी इस्तेमाल कई तरह के उद्देश्यों की पूर्ति के लिए किया जा सकता है; जैसे विरोधियों को प्रभावित करके उनसे अलग क़िस्म की कार्रवाई कराना, टकराव के शान्तिपूर्ण समाधान हेतु अनुकूल परिस्थितियों के निर्माण के लिए, या विरोधियों के शासन को विघटित करने के लिए। राजनीतिक अवज्ञा, हिंसा से काफ़ी अलग तरह से संचालित होती है। यह सही है कि दोनों ही तरीक़े संघर्ष करने के साधन हैं, लेकिन दोनों बहुत अलग क़िस्म के साधनों का उपयोग करते हैं और दोनों के परिणाम भी एक-दूसरे से बहुत भिन्न होते हैं। हिंसक संघर्ष के तरीक़ों और परिणामों को सभी अच्छे से जानते हैं। हिंसा के हथियारों का उपयोग डराने, घायल करने, मारने और नष्ट करने के लिए किया जाता है।

अहिंसक संघर्ष, हिंसक संघर्ष की तुलना में, बहुत ही जटिल और विविध प्रकार के संघर्षों का साधन है। इस प्रकार के संघर्षों में मनोवैज्ञानिक, सामाजिक, आर्थिक और राजनीतिक हथियारों का इस्तेमाल, जनता और समाज की संस्थाओं द्वारा किया जाता है। इनको कई नामों से पुकारा जाता है, विरोध-प्रदर्शन, हड़ताल, असहयोग आन्दोलन, बहिष्कार, असहमति और जन-शक्ति या अवाम की ताक़त। जैसा कि पहले भी उल्लेख किया जा चुका है, सभी सरकारें तभी तक शासन कर सकती हैं, जब तक उन्हें सत्ता-शक्ति के आवश्यक स्रोतों की पुनःपूर्ति, जनता और समाज के संस्थानों के सहयोग, समर्पण और आज्ञाकारिता द्वारा लगातार, निरन्तर मिलती रहती है। हिंसा के विपरीत राजनीतिक अवज्ञा व अवहेलना, अद्वितीय रूप से इन सत्ता-शक्ति के स्रोतों की आपूर्ति काटने, बन्द करने और समाप्त करने में सक्षम है।

अहिंसक हथियार एवं अनुशासन

एक आम चूक जो अतीत में लगभग सभी कामचलाऊ राजनीतिक अवज्ञा आन्दोलनों में होती रही है, वो यह है कि केवल एक या दो तरीक़ों या साधनों का ही इस्तेमाल किया जाता है, जैसे हड़ताल और जनसाधारण द्वारा विरोध-प्रदर्शन। वास्तव में राजनीतिक अवज्ञा के अनेकों तरीक़े और साधन मौजूद हैं, जो प्रतिरोध के रणनीतिकारों के समक्ष बहुत सारे विकल्प प्रस्तुत करते हैं, जिनके द्वारा आवश्यकतानुसार प्रतिरोध को, चाहें तो कहीं भी, किसी क्षेत्र विशेष पर केन्द्रित किया जा सकता है और यदि चाहें तो प्रतिरोध को व्यापक बनाकर पूरे क्षेत्र और पूरे जनसमुदाय में फैलाया भी जा सकता है।

अहिंसक कार्रवाई के लगभग दो सौ (200) विशिष्ट तरीक़े हैं, जिनकी पहचान कर ली गई है। और इनके अलावा निश्चित ही दर्जनों और भी तरीक़े हो सकते हैं। इन सभी तरीक़ों और विधियों को तीन व्यापक श्रेणियों में वर्गीकृत किया गया है : (क) विरोध प्रदर्शन व अनुनय-विनय, मनुहार, (ख) असहयोग और (ग) हस्तक्षेप।

1. विरोध और अनुनय-विनय, मनुहार के तरीक़े काफ़ी हद तक प्रतीकात्मक विरोध प्रदर्शन हैं, जिनमें जुलूस, परेड, मार्च, धरना, रतजगा आदि हैं (कुल 54 तरीक़े)।
2. असहयोग को तीन उपश्रेणियों में विभाजित किया गया है :
   - (i) सामाजिक असहयोग (16 तरीक़े)।
   - (ii) आर्थिक असहयोग जिसमें बहिष्कार (26 तरीक़े) और हड़तालें (23 तरीक़े) शामिल हैं।
   - (iii) राजनीतिक असहयोग (38 तरीक़े)।
3. अहिंसक हस्तक्षेप, मनोवैज्ञानिक, शारीरिक, सामाजिक, आर्थिक, या राजनीतिक माध्यमों से, जैसे कि तेज़ अहिंसक क़ब्ज़ा और समानान्तर सरकारें (41 तरीक़े)।

इन 198 विधियों या तरीक़ों की सूची को इस प्रकाशन के अन्त में परिशिष्ट के रूप में शामिल किया गया है।

इन विधियों और तरीक़ों का एक बड़ी संख्या में उपयोग—ध्यान से चुनकर लगातार और बड़े पैमाने पर इस्तेमाल, एक बुद्धिमत्तापूर्ण रणनीति के तहत और उपयुक्त दाँव-पेंच के साथ, प्रशिक्षित नागरिकों द्वारा—किसी भी नाजायज़ अवैध शासन के सामने गम्भीर समस्याएँ खड़ी कर सकता है। और यह सिद्धान्त सभी तानाशाहियों पर लागू होता है।

सैन्य साधनों के विपरीत, अहिंसक संघर्ष के तरीक़ों को सीधे दाँव पर लगे मुद्दों पर केन्द्रित किया जा सकता है। उदाहरण के लिए, चूँकि तानाशाही का मुद्दा मुख्य रूप से राजनीतिक है, तो फिर राजनीतिक रूप से अहिंसक संघर्ष निर्णायक होगा। इनमें तानाशाहों को उनकी वैधता से वंचित करना और उनके शासन के साथ असहयोग सम्मिलित होगा। विभिन्न विशिष्ट नीतियों के विरुद्ध असहयोग का भी इस्तेमाल किया जाएगा। कभी-कभी 'रोकना' (Stalling) और 'टाल-मटोल' (Procrastination) को चुपचाप और गुप्त तरीक़े से अपनाया जा सकता है, जबकि अन्य समय में खुले तौर पर सरेआम अवज्ञा और उद्दंड जन-प्रदर्शन और हड़तालें भी की जा सकती हैं, जिन्हें आम जनता द्वारा देखा जा सके।

दूसरी ओर, यदि तानाशाही आर्थिक दबावों को झेलने में असमर्थ है, आर्थिक दबाव उसके लिए घातक हैं, या फिर आम लोगों को तानाशाही से आर्थिक मसलों पर शिकायतें हैं, तब आर्थिक कार्रवाई, जैसे कि बहिष्कार या हड़तालें, प्रतिरोध के उचित तरीक़े हो सकते हैं। तानाशाहों के अर्थ-व्यवस्था से फ़ायदा उठाने के प्रयासों का सामना—सीमित आम हड़तालों, काम की गति को धीमा करना (Slowdowns) और ऐसे विशेषज्ञ जिनके बिना तानाशाह का काम न चलता हो, ऐसे

अपरिहार्य सक्षम विशेषज्ञों द्वारा सहायता से इनकार कर देना या फिर काम के समय दृश्य से ग़ायब हो जाना जैसे तरीक़ों से सामना किया जा सकता है। अनेकों प्रकार की हड़तालों का चयनात्मक उपयोग विनिर्माण/उत्पादन में, परिवहन में, कच्चे माल की आपूर्ति में और उत्पादों के वितरण के प्रमुख स्थानों पर किया जा सकता है।

अहिंसक संघर्ष की कुछ विधियों में लोगों को ऐसे कार्य करने पड़ते हैं जो उनके सामान्य जीवन से सम्बन्धित नहीं होते हैं, जैसे—पत्रक वितरण, किसी भूमिगत प्रेस को चलाना, भूख हड़ताल पर बैठना, या सड़कों पर धरना देना। इन तरीक़ों से काम करना कुछ लोगों के लिए, कुछ परिस्थितियों को छोड़कर, अत्यन्त कठिन हो सकता है।

इससे अलग, अहिंसक संघर्ष के अन्य तरीक़ों में लोगों को लगभग सामान्य जीवन जीने की ज़रूरत होती है, हालाँकि कुछ हद तक जीवन जीने का तरीक़ा बदल जाता है। उदाहरण के लिए, लोग काम पर उपस्थित हो जाएँगे, लेकिन हड़ताल करने की बजाय, काम को जानबूझकर धीमी और मंथर गति से करेंगे या फिर काम को कम कुशलता या कम दक्षता से करेंगे। जानबूझकर होशो-हवास में वे ग़लतियाँ करेंगे और ये ग़लतियाँ बार-बार करेंगे। या फिर वे काम के समय बीमार पड़ जाएँगे, या काम करने में असमर्थ हो जाएँगे। या फिर कोई काम करने से ही साफ़ मुकर जाएँगे। कोई किसी धार्मिक कार्यक्रम में जाने का बहाना भी कर सकता है, जबकि इसका कारण 'धार्मिक' नहीं 'राजनीतिक' हो सकता है। कोई अन्य नागरिक, घर पर या अवैध कक्षाओं में बच्चों को शिक्षित करके, तानाशाही के हमलावरों के प्रचार से बचाने के लिए काम कर सकता है। कोई अन्य व्यक्ति, किसी ऐसे संगठन में शामिल होने से इनकार कर सकता है जिसे तानाशाही द्वारा अनुशंसित और आवश्यक बताया

जाता हो, लेकिन जिसमें वो पहले से ही स्वेच्छा से शामिल नहीं होना चाहता हो। लोगों की इस प्रकार की कार्रवाई, उनके जीवन की सामान्य गतिविधियों से मिलती-जुलती है, इससे उनके सामान्य जीवन में बहुत ही सीमित मात्रा में बदलाव आता है और इस तरह बहुत सारे लोगों का राष्ट्रीय मुक्ति अभियान में शामिल होना अत्यधिक सुगम हो जाता है।

चूँकि 'अहिंसक संघर्ष' और 'हिंसा' मौलिक रूप से अलग-अलग तरीक़ों से संचालित होते हैं, इसलिए किसी भी राजनीतिक अवज्ञा अभियान में, सीमित प्रतिरोधात्मक हिंसा का भी उलटा प्रभाव पड़ेगा और मुक्ति-अभियान के लिए हानिकारक होगा। जैसे यदि मगरमच्छ से लड़ना है, तो ज़मीन पर ही लड़ना है, लेकिन अगर ग़लती से मगरमच्छ से लड़ते हुए उसे घसीटकर पानी में ले जाओगे तो समझ लो कि आपकी मृत्यु और पराजय निश्चित है। इसी प्रकार 'अहिंसक संघर्ष' में अवाम का दबदबा रहता है लेकिन यदि हिंसात्मक संघर्ष करेंगे (सैन्य-युद्ध) तो उस क्षेत्र में तानाशाह को ज़बरदस्त मज़बूती हासिल होती है। 'अहिंसक अनुशासन' ही सफलता की एकमात्र कुंजी है। तानाशाही हुक्मरानों और उनके एजेंटों द्वारा हिंसा के लिए उकसाए जाने और क्रूरता के कृत्य किए जाने के बावजूद, अहिंसक अनुशासन को हर हाल में बनाए रखना चाहिए।

क्रूर हिंसक विरोधियों के ख़िलाफ़, दृढ़ अहिंसक अनुशासन अहिंसक संघर्ष में परिवर्तन के चार तंत्रों की कार्रवाई को बढ़ाता और उत्प्रेरित करता है (जिनकी चर्चा नीचे विस्तार से की गई है)।

अहिंसक अनुशासन राजनीतिक जिउ-जित्सु (Jiu-Jitsu) की प्रक्रिया में भी अति महत्त्वपूर्ण है। इसमें मासूम लोगों के ख़िलाफ़ क्रूर शासन की कठोर ज़ालिमाना हिंसा, तानाशाही की हैसियत को बहुत नुक़सान पहुँचाती है। एक तरफ़ तो तानाशाह के अपने कारिंदों में इससे आत्मग्लानि और असन्तोष फैलता है

और नतीजतन उनमें से कुछ कारिंदे, जनता के समर्थन में, सीना तानकर आ खड़े होते हैं। इसके अलावा, कुछ तानाशाहों के समर्थक और निष्पक्ष तीसरे पक्ष के लोगों का हृदय पिघल और पसीजकर परिवर्तित हो जाता है और वे भी अहिंसक प्रतिरोधियों के समर्थन में आ खड़े होते हैं।

कितना भी प्रयास क्यूँ न कर लें, लेकिन कुछ मामलों में, तानाशाही के ख़िलाफ़ सीमित हिंसा को रोका या टाला नहीं जा सकता, हिंसा अवश्यम्भावी तौर पर होकर रहती है। शासन के प्रति घृणा और असन्तोष का विस्फोट हिंसा में होना, बहुत सम्भव है। या फिर कुछ ऐसे समूह भी होते हैं जो हिंसा को छोड़ने के लिए कभी भी तैयार नहीं होते हैं, जबकि वे भलीभाँति अहिंसक संघर्ष की अति-महत्त्वपूर्ण भूमिका को जानते-बूझते-समझते हैं। लेकिन राजनीतिक अवज्ञा को किसी भी हालत में छोड़ना नहीं चाहिए। यहाँ यह भी अतिआवश्यक है कि जहाँ तक सम्भव हो, हिंसक संघर्ष को अहिंसक संघर्ष से एक़दम पृथक् रखा जाए। यह पृथक्‍करण भौगोलिक, पृथक् जन-समूह, पृथक् समय और पृथक् मुद्दों के द्वारा भी किया जा सकता है। अन्यथा शक्तिशाली और सफल राजनीतिक अवज्ञा के संघर्ष पर हिंसा का विनाशकारी प्रभाव हो सकता है।

ऐतिहासिक रिकॉर्ड बताते हैं कि राजनीतिक अवज्ञा संघर्ष में लोग तो घायल भी होंगे और मृत्यु को भी प्राप्त होंगे, लेकिन इनकी कुल संख्या सैन्य युद्धों में हताहत, घायल, मृतकों की संख्या की तुलना में बहुत ही कम होगी। इसके अलावा, अहिंसक संघर्ष हत्या और क्रूरता के अन्तहीन कुचक्र में इज़ाफ़ा भी नहीं करता।

अहिंसक संघर्ष के लिए यह परम आवश्यक है कि लोग सरकार और सरकार के हिंसक दमन से भय-मुक्त हों। भय-मुक्त हुए बिना कोई भी आन्दोलन में शामिल होने की हिम्मत

नहीं कर सकता। शुरुआत में जब चन्द निडर लोग सरकार और सरकारी दमन से बिना डरे संघर्ष करते हैं, तो उनका संघर्ष बाक़ी लोगों को प्रेरित करते हुए, उन्हें भी निडर और भय-मुक्त बनाता है। और इस तरह एक भय-मुक्ति का सुचक्र चल पड़ता है। जैसे-जैसे समय बीतता है, लोग भय-मुक्त होते चले जाते हैं और आन्दोलन में शामिल होते चले जाते हैं। ख़ौफ़, डर ही तानाशाहों की असली ताक़त है। ख़ौफ़ से मुक्ति या फिर ख़ौफ़ पर अपनी इच्छाशक्ति से क़ाबू पाना, तानाशाहों की ताक़त का पूर्ण विनाश करने में एक प्रमुख तत्त्व है। आम कहावत है कि जो डर गया, वो मर गया। और जिस अवाम ने अपने डर पर क़ाबू पा लिया, वो अवाम हमेशा ज़िन्दा और आज़ाद रहेगी।

खुलापन, गोपनीयता और उच्च मानक

अहिंसक कार्रवाई करनेवाले आन्दोलनों के लिए गोपनीयता, धोखेबाज़ी और भूमिगत साज़िशें बहुत गम्भीर समस्याएँ खड़ी करती हैं। अक्सर अपने इरादों और योजनाओं को राजनीतिक पुलिस और ख़ुफ़िया एजेंटों से छुपाकर रखना, लगभग असम्भव ही होता है। आन्दोलन के दृष्टिकोण से यदि देखा जाए तो, गोपनीयता की जड़ें न केवल ख़ौफ़ की ज़मीन में होती हैं, बल्कि गोपनीयता ख़ौफ़ का इज़ाफ़ा करने में भी योगदान करती है। यह सब प्रतिरोध की भावना को फीका करता है और किसी कार्रवाई में भाग लेनेवाले लोगों की संख्या को भी घटाता और कम करता है। गोपनीयता आन्दोलन के भीतर एक-दूसरे पर सन्देह, आरोप-प्रत्यारोप (जोकि आम तौर पर अनुचित होते हैं) की प्रवृत्ति को बढ़ावा देता है। आन्दोलन के लोग एक-दूसरे को शक की दृष्टि से देखते हुए, अक्सर विरोधियों का एजेंट या मुखबिर होने का

आरोप मढ़ देते हैं। इससे आन्दोलन के कार्यकर्ताओं में आपसी अविश्वास पैदा होता है और टीम भावना व भाईचारे की भावना का ख़ात्मा हो जाता है। आन्दोलन को अहिंसक बनाए रखने की क्षमता को भी गोपनीयता नकारात्मक रूप से प्रभावित करती है। इसके विपरीत, इरादों और योजनाओं के खुलेपन का सकारात्मक प्रभाव होगा। खुलापन प्रतिरोध आन्दोलन के बेहद शक्तिशाली होने की छवि बनाने में भी मददगार साबित होता है। समस्या जैसी सतही तौर पर नज़र आती है, उससे कहीं अधिक जटिल है और प्रतिरोधक गतिविधियों के कुछ ऐसे महत्त्वपूर्ण पहलू भी हैं जिनमें गोपनीयता की ज़रूरत भी पड़ सकती है। इसके लिए तमाम सूचनाओं पर आधारित एक उचित मूल्यांकन करने की आवश्यकता है। यह मूल्यांकन उनके द्वारा किया जाना चाहिए, जो जानकार हों, अहिंसक संघर्ष की गतिशीलता के विषय में और जो जानकार हों विशिष्ट परिस्थितियों में तानाशाही की निगरानी के साधनों के विषय में भी।

भूमिगत प्रकाशनों का सम्पादन, मुद्रण और वितरण, देश के भीतर से अवैध रेडियो प्रसारण और तानाशाही के संचालन के विषय में ख़ुफ़िया जानकारी एकत्र करना, चन्द ऐसी विशेष सीमित प्रकार की गतिविधियाँ हैं, जिनमें उच्च श्रेणी की गोपनीयता की आवश्यकता होती है।

संघर्ष के सभी चरणों में, अहिंसक कार्रवाई के उच्च मानकों को बनाए रखना अति आवश्यक है। बेख़ौफ़ रहना और अहिंसक अनुशासन बनाए रखना, दो ऐसे तत्त्व हैं, जिनकी हर पल आवश्यकता होती है। यह हमेशा याद रखने की ज़रूरत है कि विशेष परिवर्तनों को प्रभावित करने के लिए, बार-बार बड़ी संख्या में लोगों की आवश्यकता पड़ती है। और विश्वसनीय प्रतिभागियों की ऐसी संख्या तभी प्राप्त होगी, जब आन्दोलन के उच्च मानकों को बरकरार रखा जाएगा।

खिसकते-सरकते-फिसलते सत्ता-शक्ति के सम्बन्ध

रणनीतिकारों को हमेशा याद रखना है कि जिस टकराव में राजनीतिक अवज्ञा का प्रयोग होता है, वह टकराव संघर्ष का एक लगातार, निरन्तर बदलता हुआ क्षेत्र है। इसमें चालों और चालों की जवाबी चालों की निरन्तर परस्पर क्रियाएँ होती हैं। कुछ भी कभी भी स्थिर नहीं रहता। हमेशा अस्थिरता और प्रवाह की स्थिति बनी रहती है। सत्ता-शक्ति के सम्बन्ध, दोनों तरह—पूर्ण रूप से और सापेक्ष रूप से, हमेशा ही लगातार और तेज़ी से बदलाव के दौर में रहते हैं। यह सब इसलिए होता है क्योंकि प्रतिरोधक लोकतंत्रवादी लोग, अहिंसक प्रतिरोध को दमन के बावजूद, दृढ़तापूर्वक और निरन्तर, लगातार जारी रखते हैं।

संघर्षशील पक्षों की शक्ति में, हिंसक संघर्ष की तुलना में, अहिंसक टकराव वाली परिस्थिति में, अधिकतम बदलाव होने की सम्भावना रहती है। अहिंसक टकराव में बदलाव न केवल तेज़ी से होते हैं, बल्कि इन बदलावों में बहुत अधिक विविधता भी होती है और इसके साथ ही राजनीतिक महत्त्व के नतीजे भी निकलते हैं। इन विविधताओं के कारण, प्रतिरोधकों द्वारा की गई विशिष्ट क्रियाओं के दूरगामी परिणाम होने की सम्भावना रहती है, उस विशेष समय और स्थान से परे, जिसमें वे घटित होते हैं। ये सभी प्रभाव एक समूह या किसी अन्य दूसरे समूह को मज़बूत करने या कमज़ोर करने का काम करेंगे।

इसके अलावा, अहिंसक समूह अपने कार्यों के प्रभाव द्वारा प्रतिद्वंद्वी समूह की सापेक्ष शक्ति को काफ़ी हद तक घटा या बढ़ा सकता है। उदाहरण के लिए, तानाशाह की क्रूरताओं और ज़ुल्मों के सामने, अनुशासित, साहसी, अहिंसक प्रतिरोध, बेचैनी, असन्तोष, अविश्वसनीयता उत्प्रेरित कर सकता है, और चरम स्थिति में तानाशाह के अपने ख़ुद के सैनिकों

में बग़ावत और जन-सामान्य में गदर भी उत्पन्न कर सकता है। इस प्रतिरोध के परिणामस्वरूप, तानाशाही की अन्तर्राष्ट्रीय निन्दा में भी बहुत अधिक वृद्धि हो सकती है। इसके अलावा, राजनीतिक अवज्ञा के कुशल, अनुशासित और निरन्तर लगातार प्रयोग के परिणामस्वरूप, प्रतिरोध में वे लोग भी और अधिक संख्या में शामिल हो सकते हैं, जो तानाशाही को अब तक मौन समर्थन देते रहे हैं या फिर जो टकराव के दौरान आम तौर पर तटस्थ रहते हैं।

परिवर्तन की चार क्रियाविधियाँ

(क) हृदय-परिवर्तन (Conversion)
(ख) समायोजन (Accommodation)
(ग) अहिंसक ज़ोर-ज़बरदस्ती से विवश करवाना (Non-Violent Coercion)
(घ) विघटन (Disintegration)

अहिंसक संघर्ष में चार तरीक़ों से परिवर्तन उत्पन्न होता है। सबसे पहली क्रिया-विधि की सम्भावना सबसे कम है, हालाँकि यह कभी-कभार होती ज़रूर है। यह क्रिया-विधि तब काम करती है जब प्रतिद्वंद्वी समूह के सदस्य, साहसी अहिंसक प्रतिरोधकों के ऊपर हो रहे दमन के कारण, मनोवैज्ञानिक रूप से भावुक हो जाते हैं या फिर तर्कसंगत कारणों से मान जाते हैं कि लोकतंत्रवादी प्रतिरोधकों का उद्देश्य न्यायपूर्ण है। इस कार्यविधि को हृदय-परिवर्तन कहा जाता है। हालाँकि अहिंसक कार्रवाई में हृदय-परिवर्तन की घटनाएँ कभी-कभार हो भी जाती हैं लेकिन यह एक दुर्लभ घटना है। अधिकतर संघर्षों में ऐसा बिलकुल भी नहीं होता या फिर बड़े पैमाने पर तो नहीं ही होता।

ज़्यादातर होता यूँ है कि अहिंसक संघर्ष का संचालन, संघर्ष की स्थिति और समाज को, कुछ ऐसा बदल देता है कि विरोधी अपना मनचाहा कर ही नहीं पाता। यह एक ऐसा बदलाव है जो अन्य तीन क्रिया-विधियों को जन्म देता है : समायोजन, अहिंसक ज़ोर-ज़बरदस्ती से विवश करवाना, और विघटन। इन तीन में से कौन सी क्रिया-विधि काम कर जाए, वह इस बात पर निर्भर करता है कि किस हद तक 'सापेक्ष-शक्ति' और 'पूर्ण-शक्ति' के सम्बन्ध लोकतंत्रवादियों के हक़ में सरक गए हैं या स्थानान्तरित हो गए हैं।

यदि मुद्दे मौलिक नहीं हैं तब सीमित अभियान में विपक्ष की माँगों को धमकी नहीं माना जाता, और ताक़तों की प्रतियोगिता शक्ति-सम्बन्धों, शक्ति-सन्तुलन और शक्ति-समीकरण को कुछ हद तक बदल देती है। तात्कालिक टकराव का अन्त मिल-बाँट कर समझौता करके कर लिया जाता है। इस कार्य-विधि को समायोजन कहा जाता है। बहुत सारी हड़तालों का निपटारा इसी प्रकार से किया जाता है। इसमें दोनों पक्ष अपने कुछ उद्देश्यों की प्राप्ति में सफल होते हैं, लेकिन दोनों ही पक्षों की सभी माँगें पूरी नहीं हो पातीं। सरकारें ऐसा समझती हैं कि इस प्रकार के समझौते के कुछ सकारात्मक लाभ होंगे, जैसे तनाव ख़त्म होगा, सरकार की न्यायप्रियता की छवि का निर्माण होगा, या शासन की अन्तर्राष्ट्रीय छवि चमकेगी। इन सब कारणों से यह महत्त्वपूर्ण है कि बहुत सोच-समझ कर उन मुद्दों का चयन किया जाए, जिन पर समायोजन मान्य हो। किसी तानाशाही को ध्वस्त करना इन चयनित मुद्दों में शामिल नहीं होता।

अहिंसक संघर्ष, जैसा कि हृदय-परिवर्तन या समायोजन की क्रिया-विधि द्वारा नज़र आता है, उससे कहीं अधिक शक्तिशाली साबित हो सकता है। जनसाधारण का सामूहिक असहयोग और अवज्ञा, सामाजिक और राजनीतिक स्थितियों में भारी बदलाव ला

सकते हैं, ख़ासकर शक्ति-सम्बन्धों, शक्ति-सन्तुलन और शक्ति-समीकरणों में। इससे तानाशाह की सरकार की आर्थिक, सामाजिक और राजनीतिक प्रक्रियाओं को नियंत्रित करने की क्षमता, उसके हाथों से फिसल जाती है। तानाशाह के सैन्य-बल तानाशाही के लिए इतने अधिक अविश्वसनीय हो सकते हैं कि वे लोकतंत्रवादी प्रतिरोधकों का दमन करने के आदेशों का पालन ही नहीं करते। यद्यपि तानाशाही के नेता अपने पदों पर बने रहते हैं, और अपने मूल लक्ष्यों से जुड़े रहते हैं लेकिन फिर भी, उनकी प्रभावशाली ढंग से काम करने की क्षमता, उनके हाथों से फिसल चुकी होती है। इसे अहिंसक ज़ोर-ज़बरदस्ती से विवश कराना कहते हैं।

कुछ चरम स्थितियों में, 'अहिंसक ज़बरदस्ती' और आगे निकलकर बढ़ जाती है। तानाशाही का नेतृत्व असल में अपनी काम करने की पूरी क्षमता खो देता है। उसकी सत्ता-शक्ति की संरचना रेत के महल की तरह भरभराकर ढह जाती है। लोकतंत्रवादी प्रतिरोधकों की स्व-दिशा, असहयोग और अवज्ञा इतनी सम्पूर्ण हो जाती है कि विरोधियों के पास दिखावे का नियंत्रण भी नहीं बचता। तानाशाही की नौकरशाही अपने नेतृत्व के आदेश का पालन करने से भी इनकार कर देती है। तानाशाही की पुलिस और सेना बग़ावत कर देती है। तानाशाही के अब तक चले आ रहे समर्थक अपने नेतृत्व का परित्याग करते हुए न केवल अपना समर्थन वापिस ले लेते हैं बल्कि तानाशाही को खुल्लम-खुल्ला बोल देते हैं कि उनके पास शासन करने का न तो अधिकार है, न ही वैधता। इस प्रकार तानाशाही का जो समर्थन, सहायता और आज्ञाकारिता थी, वह ध्वस्त हो जाती है। परिवर्तन की चौथी क्रिया-विधि में विघटन इतना सम्पूर्ण हो जाता है कि अन्ततः तानाशाही के पास आत्मसमर्पण करने की ताक़त भी नहीं बचती। शासन विघटित होकर टूटे हुए काँच के टुकड़ों की तरह बिखर जाता है।

मुक्ति रणनीतियों की योजना बनाने में, इन चार क्रिया-विधियों को हमेशा ध्यान में रखना चाहिए। वे कभी-कभी संयोगवश भी काम कर जाती हैं। लेकिन संघर्ष में इनमें से एक या अधिक का चयन, इच्छित परिवर्तन की क्रिया-विधि के रूप में, विशिष्ट और पारस्परिक मज़बूत करनेवाली रणनीतियों के निर्माण को सम्भव बनाता है। कौन-सी क्रिया-विधि या क्रिया-विधियों को चुना जाए, यह कई कारकों पर निर्भर करेगा, जिनमें शामिल हैं प्रतिद्वंद्वी समूहों की निरपेक्ष (Absolute) और सापेक्ष (Relative) शक्ति और अहिंसक संघर्ष-समूह का दृष्टिकोण और उद्देश्य।

राजनीतिक अवज्ञा के लोकतांत्रिक प्रभाव

हिंसा के केन्द्रीकरण प्रभाव के विपरीत, अहिंसक संघर्ष का इस्तेमाल, समाज के लोकतंत्रीकरण में कई प्रकार से योगदान देता है।

लोकतांत्रिक प्रभाव का एक पहलू तानाशाही से बिलकुल उलट है। वह यह है कि सैन्य-साधनों के विपरीत, राजनीतिक अवज्ञा की तकनीक, सत्तारूढ़ अभिजात वर्ग की कमान के तहत दमन का कोई ऐसा साधन उपलब्ध नहीं कराती है, जिसके द्वारा अवाम को निशाना बनाया जा सकता हो और तानाशाही स्थापित की जा सके, या क़ायम रखी जा सके। राजनीतिक अवज्ञा आन्दोलन के नेता अपने अनुयायियों पर प्रभाव तो डाल सकते हैं, उन पर दबाव भी बना सकते हैं, लेकिन यदि अनुयायी असन्तुष्ट हो जाते हैं, असन्तोष व्यक्त करते हैं, या फिर किसी अन्य नेता को अपना नेता चुन लेते हैं, तब उस स्थिति में, न तो उनको क़ैद किया जा सकता है, और न ही उन्हें मृत्यु-दंड दिया जा सकता है।

लोकतांत्रिक प्रभाव का एक दूसरा सकारात्मक पहलू भी है। वह यह है कि अहिंसक संघर्ष, वर्तमान और भावी तानाशाहों के विरुद्ध जन-साधारण को प्रतिरोध का वह साधन उपलब्ध कराता है, जिसके इस्तेमाल द्वारा नागरिक स्वतंत्रताएँ प्राप्त की जा सकती हैं और उनकी सुरक्षा भी की जा सकती है। अहिंसक संघर्ष के कुछ सकारात्मक लोकतांत्रिक प्रभावों का उल्लेख नीचे किया गया है :

- अहिंसक संघर्ष के इस्तेमाल के अनुभव का नतीजा यह होता है कि जनता में शासन की धमकियों और उसके हिंसक दमन की क्षमता को चुनौती देने का आत्मविश्वास बढ़ जाता है।

- अहिंसक संघर्ष असहयोग और अवज्ञा का साधन उपलब्ध कराता है, जिसके द्वारा जनता किसी भी तानाशाही समूह द्वारा उन पर किए जा रहे अलोकतांत्रिक नियंत्रण का प्रतिरोध कर सकती है।

- अहिंसक संघर्ष का उपयोग लोकतांत्रिक स्वतंत्रताओं के सिद्धान्तों की रक्षा के लिए भी किया जा सकता है। सिद्धान्त जैसे बोलने की आज़ादी, प्रेस की आज़ादी, स्वतंत्र संगठनों और एकत्रित होने की स्वतंत्रता की सुरक्षा भी अहिंसक संघर्ष से की जा सकती है।

- अहिंसक संघर्ष समाज के स्वतंत्र समूहों और संस्थानों को बचाए रखने, उनके पुनर्जन्म और स्वतंत्र समूहों व समाज के संस्थानों को मज़बूत करने में दृढ़ता से योगदान करता है।

- अहिंसक संघर्ष जनता को वह साधन उपलब्ध कराता है जिसके द्वारा जनता और स्वतंत्र संस्थाएँ लोकतंत्र के हित में शासक अभिजात समूह की सत्ता-शक्ति के स्रोतों को काट सकती हैं; और इस प्रकार शासक अभिजात समूह के वर्चस्व को चुनौती दे सकती हैं।

अहिंसक संघर्ष की जटिलताएँ

जैसा कि हमने इस चर्चा में देखा है, अहिंसक संघर्ष सामाजिक कार्रवाई की एक जटिल तकनीक है, जिसमें कई विधियों का समावेश है, परिवर्तन की क्रियाविधियों की एक पूरी श्रृंखला है और विशिष्ट व्यवहार सम्बन्धी आवश्यकताएँ हैं। राजनीतिक अवज्ञा को प्रभावशाली तरीक़े से इस्तेमाल करने के लिए, ख़ास तौर से तानाशाही के विरुद्ध, बहुत ज़्यादा सावधानीपूर्वक योजना बनाने और तैयारी की ज़रूरत पड़ती है। भावी प्रतिभागियों को यह समझने की आवश्यकता होगी कि उनसे क्या अपेक्षा है। उन्हें किस प्रकार के कड़े अनुशासन का पालन करना है। संसाधनों को उपलब्ध कराने की आवश्यकता होगी, और रणनीतिकारों को बहुत गहराई से विश्लेषण करना होगा कि कैसे अहिंसात्मक संघर्ष को अत्यधिक प्रभावशाली तरीक़े से इस्तेमाल किया जा सकता है। अब हम अपना ध्यान इस अति-महत्त्वपूर्ण तत्त्व की ओर करते हैं : रणनीतिक योजना की आवश्यकता।

छह

रणनीतिक योजना की आवश्यकता

तानाशाही के ख़िलाफ़ राजनीतिक अवज्ञा अभियान कई प्रकार के तरीक़ों और विधियों से शुरू हो सकता है। अतीत में ये संघर्ष लगभग हमेशा अनियोजित और अनिवार्य रूप से आकस्मिक रहे हैं। वे विशिष्ट शिकायतें या तकलीफ़ें और परेशानियाँ, जिनकी वजह से राजनीतिक अवज्ञा आन्दोलन शुरू हुए हैं, यानी वो चिनगारियाँ जिन्होंने आग लगाई और भड़काई, उनमें व्यापक विविधता है। लेकिन कुछ समान बातें भी रही हैं, मसलन :

- नए क़िस्म की क्रूरताएँ व दमन।
- किसी ऐसे व्यक्ति की गिरफ़्तारी या हत्या—जिसके प्रति जनता में अगाध प्रेम, मान-सम्मान, और श्रद्धा हो।
- कोई नई दमनकारी नीति या आदेश।
- खाद्य पदार्थों की कमी या उपलब्धता न होना।
- किसी धार्मिक विश्वास के प्रति अनादर और अपमान।
- किसी सम्बन्धित घटना की सालगिरह।

- कभी-कभी, तानाशाही की किसी विशेष कार्रवाई ने जनता को इतने ग़ुस्से और आक्रोश से भर दिया है कि फिर वो आक्रोश एक ज्वालामुखी की तरह फूट पड़ता है। जनता प्रतिक्रियावश कार्रवाई शुरू कर देती है, बिना यह सोच-विचार किए कि इस कार्रवाई को उसके वाजिब अंजाम तक कैसे पहुँचाएँगे।

- कभी-कभार ऐसा भी हो सकता है कि कोई बहादुर इनसान या इनसानों का छोटा-सा समूह, कुछ ऐसा साहसिक कृत्य कर गुज़रता है कि उसे या उन्हें पूरी जनता का पुरज़ोर समर्थन मिल जाता है।

- कई बार किसी व्यक्ति या समूह की कोई विशिष्ट शिकायत देख-जान कर, बाक़ी लोगों को भी लगता है कि यह उनके साथ हुई नाइंसाफ़ी के समान ही है, और वो लोग भी उस संघर्ष में कूद पड़ते हैं।

- कभी-कभी किसी व्यक्ति या छोटे से समूह द्वारा दी गई प्रतिरोध की पुकार को अप्रत्याशित रूप से एक ज़बरदस्त समर्थन मिल जाता है।

हालाँकि स्वत:स्फूर्त आन्दोलन के कुछ सकारात्मक गुण भी हैं, लेकिन इसके नुक़सान ज़्यादा होते हैं। आम तौर पर, लोकतांत्रिक प्रतिरोधियों को तानाशाही की क्रूरताओं का सही अन्दाज़ और उम्मीद नहीं होती, इसीलिए उन्हें इसके गम्भीर कष्टदायक परिणाम भुगतने पड़ते हैं, और प्रतिरोध आन्दोलन शीघ्र ध्वस्त हो जाता है। कई बार लोकतंत्रवादियों द्वारा योजना बनाने की कमी के कारण, महत्त्वपूर्ण निर्णय, मौक़े पर ही लेने

के लिए छोड़ दिए जाते हैं—जिसके अत्यन्त विनाशकारी परिणाम होते हैं। यहाँ तक कि दमनकारी तानाशाही व्यवस्था को ध्वस्त करने के बावजूद, यदि पहले से ही सुचारु योजना न बनाई गई हो कि कैसे तानाशाही के स्थान पर एक लोकतांत्रिक व्यवस्था को स्थापित किया जाएगा, तो यह चूक एक नई तानाशाही व्यवस्था के क्रूर दमनकारी शासन को जन्म दे सकती है और सब कुछ किया-धरा व तमाम कुर्बानियाँ बेकार चली जाती हैं।

यथार्थवादी योजना का निर्माण

अतीत की भाँति, भविष्य में भी योजनाविहीन लोकप्रिय कार्रवाइयाँ, तानाशाही को ध्वस्त करने में अपनी महत्त्वपूर्ण भूमिकाएँ अदा करती रहेंगी। हालाँकि अब यह आकलन करना सम्भव है कि तानाशाही को अपदस्थ करने के सबसे प्रभावशाली तरीक़े कौन से हैं। यह मूल्यांकन करना भी सम्भव है कि कब राजनीतिक स्थिति और लोकप्रिय मनोदशा पूरी तरह से परिपक्व है और अभियान की शुरुआत कैसे की जाए। हथौड़ा तभी मारा जाए, जब लोहा गरम हो। जनता की क्षमताओं और परिस्थिति का बहुत सावधानीपूर्वक यथार्थवादी आकलन करना बहुत ही ज़रूरी है, ताकि उस आकलन पर आधारित मुक्ति के सबसे अधिक प्रभावी तरीक़ों को चुना जा सके।

यदि कोई कुछ हासिल करना चाहता है, तो समझदारी का तक़ाज़ा यह है कि वह अपनी योजना बनाए। लक्ष्य जितना अधिक महत्त्वपूर्ण होगा, या विफलता के जितने अधिक घातक परिणाम होंगे, उतना ही अधिक महत्त्वपूर्ण योजना बनाना हो जाएगा। रणनीतिक योजना होने पर इस बात की सम्भावना

बढ़ जाती है कि आवश्यकता पड़ने पर सभी संसाधन उपलब्ध होंगे और उन संसाधनों का सबसे अधिक प्रभावशाली ढंग से इस्तेमाल किया जाएगा। किसी लोकतांत्रिक अभियान के लिए यह विशेष रूप से सच है—क्योंकि लोकतांत्रिक अभियान के पास भौतिक साधन सीमित होते हैं, और उसके समर्थक, जो एक शक्तिशाली तानाशाही को धराशायी करने के लिए टक्कर ले रहे होते हैं—ऐसे अभियान के समर्थक अत्यधिक ख़तरे के साये में रहते हैं। इनके विपरीत तानाशाही के पास विशाल संसाधनों की सामग्री, संगठनात्मक शक्ति और क्रूरता व दमन करने की अपार शक्ति होती है।

'रणनीति बनाने' का अर्थ यहाँ यह है कि एक ऐसी कार्रवाई के कर्मपथ का आकलन करना, जो वर्तमान स्थिति से भविष्य की वांछित स्थिति तक अर्थात् लक्ष्य-प्राप्ति तक, आन्दोलन को लेकर जाने की सम्भावनाओं को प्रबल बनाए। इस चर्चा के सन्दर्भ में, इसका अर्थ है—तानाशाही से लेकर भविष्य की लोकतांत्रिक व्यवस्था की स्थापना तक। इस प्रकार के उद्‌देश्य को हासिल करने की योजना में आम तौर पर अभियानों, आन्दोलनों और अन्य संगठित गतिविधियों की एक चरणबद्ध श्रृंखला शामिल होती है—जिसके द्वारा उत्पीड़ित जनता और समाज का सशक्तीकरण किया जाता है। यहाँ ध्यान देने की बात यह है कि लक्ष्य केवल वर्तमान तानाशाही को नष्ट करना ही नहीं है, बल्कि उसके स्थान पर एक लोकतांत्रिक व्यवस्था को स्थापित करना भी है। महज़ तानाशाही शासन को नष्ट करने के उद्‌देश्य की रणनीति में एक बड़ा ख़तरा मौजूद है और वह यह कि कहीं पूर्व तानाशाही के बदले, किसी अन्य अत्याचारी तानाशाही की ही स्थापना न हो जाए। कहीं ऐसा न हो जाए कि आसमान से गिरे, खजूर के पेड़ में जा अटके; या कड़ाही से गिरे, और चूल्हे में जा पड़े।

योजना निर्माण में बाधाएँ

मुक्ति कैसे प्राप्त की जाए, इस समस्या पर—दुनिया के विभिन्न हिस्सों में स्वतंत्रता के समर्थक और प्रचारक—अक्सर अपनी पूरी ताक़त और बुद्धि नहीं लगाते। शायद ही कभी ऐसा होता हो जब ये मुक्ति के वकील, मुक्ति अभियान आरम्भ करने से पहले ध्यानपूर्वक रणनीति की योजना बनाने के अत्यधिक महत्त्व को पूरी तरह से समझते हों। नतीजतन, यह लगभग कभी नहीं किया जाता। ऐसा क्यों है कि जिन लोगों के पास अपने लोगों के लिए राजनीतिक स्वतंत्रता लाने की दृष्टि है, वो उसे प्राप्त करने की एक व्यापक रणनीतिक योजना शायद ही कभी बनाते हैं? दुर्भाग्यवश, अक्सर लोकतांत्रिक विपक्षी समूहों में अधिकांश लोग, रणनीतिक योजना की आवश्यकता को समझ नहीं पाते, या फिर रणनीतिक रूप से सोचने के आदी या प्रशिक्षित नहीं होते हैं। यह एक कठिन कार्य है। चूँकि प्रतिरोध के नेताओं को, लगातार तानाशाही द्वारा परेशान किया जाता है, और वो सामने नज़र आ रहीं तत्कालीन ज़िम्मेदारियों में उलझे रहते हैं; इसलिए उनके पास अपनी रणनीतिक सोच और कौशल को विकसित करने का समय नहीं निकल पाता या फिर उसके लिए आवश्यक सुरक्षा का माहौल नहीं मिल पाता।

इसके बजाय, तानाशाही की क्रियाओं पर प्रतिक्रिया करना ही आम चलन है। इस प्रकार, सीमित स्वतंत्रताओं या स्वतंत्रता के दुर्गों को बचाए रखने की कोशिशों में, ज़्यादा से ज़्यादा तानाशाह के नियंत्रणों की गति को धीमा करते हुए या शासन की नई नीतियों के लिए कुछ समस्याएँ खड़ी करते हुए, प्रतिरोधक शक्तियाँ हमेशा रक्षात्मक रुख़ और रवैया अपनाए रखती हैं।

हो सकता है कि कुछ व्यक्ति या समूह मुक्ति-आन्दोलन की व्यापक और दीर्घकालीन योजना के निर्माण की आवश्यकता को

ही महसूस न करते हों। इसके बजाय वे भोलेपन में सोच सकते हैं कि यदि वे अपने लक्ष्य को पाने के लिए पूरी शक्ति से, दृढ़ता से, और पर्याप्त लम्बे समय तक लगे रहते हैं, तो कैसे न कैसे उन्हें लक्ष्य प्राप्त हो ही जाएगा। कुछ अन्य का मानना होता है कि यदि वे कठिनाइयों का सामना, अपने आदर्शों और सिद्धान्तों पर चलते हुए करते हैं, तो वे वह सब कुछ कर रहे हैं, जो करना सम्भव है। मानवीय लक्ष्यों के प्रति निष्ठा और आदर्शों के प्रति वफ़ादारी सराहनीय है, लेकिन स्वतंत्रता को प्राप्त करने के लिए तथा तानाशाही को नष्ट करने के लिए यह नाकाफ़ी है।

तानाशाही के कुछ अन्य विरोधी अपने भोलेपन में सोच सकते हैं कि यदि वे पर्याप्त मात्रा में हिंसा का प्रयोग, पर्याप्त समय तक करते रहें, तो अन्ततः स्वतंत्रता प्राप्त हो ही जाएगी। लेकिन जैसा कि पहले भी उल्लेख किया गया है, हिंसा से सफलता की कोई गारंटी नहीं है। मुक्ति की बजाय इसका परिणाम पराजय और बड़े पैमाने पर भयंकर त्रासदी हो सकता है। ज़्यादातर स्थितियों में तानाशाही हिंसक सैन्य संघर्ष के लिए पूर्णतया सुसज्जित होती है, और सैन्य वास्तविकताएँ व सन्तुलन शायद ही कभी लोकतंत्रवादियों के पक्ष में होता हो। जैसा कि अमेरिकी फ़ौजी जनरल ने कहा था, "गॉड इज़ ऑन द साइड ऑफ़ बिग बटालियंस" अर्थात् परमेश्वर भी बड़ी बटालियनों का साथ देता है।

ऐसे भी लोकतंत्रवादी हैं जो कार्रवाई का आधार अपने सहज बोध, अपनी अनुभूति, अपने मनोभाव को बनाए रखते हैं। वे यह मानकर चलते हैं कि जैसा उन्हें 'लगता है', 'महसूस होता है', उन्हें वैसा ही करना चाहिए। इस तरह का रवैया न केवल अहंकारपूर्ण और घमंडी होता है बल्कि इससे मुक्ति की एक व्यापक रणनीति विकसित करने के लिए भी कोई सहायता या मार्गदर्शन नहीं मिलता।

यह सोच कि मन-मस्तिष्क में अचानक कोई 'महान विचार' बिजली की तरह कौंध जाएगा और फिर उसके अनुसार कार्रवाई की जाएगी, ऐसे सोच की एक सीमा होती है, एक छोटा दायरा होता है। 'महान विचार' मन-मस्तिष्क में यदा-कदा ही उत्पन्न होते हैं। इसके बजाय आवश्यक यह है कि तानाशाही को अपदस्थ करने के लिए आवश्यक 'अगले चरणों' के सावधानीपूर्वक किए गए आकलन के आधार पर कार्रवाई की जाए। बिना रणनीतिक विश्लेषण के, प्रतिरोध नेताओं को आम तौर पर समझ नहीं आ सकता कि 'अगला क़दम' क्या होना चाहिए, क्योंकि उन्होंने कभी ध्यानपूर्वक नहीं सोचा होता कि जीत हासिल करने के लिए कौन से, क्रमिक—एक के बाद एक, क्रमवार विशिष्ट चरणों की आवश्यकता पड़ेगी। रचनात्मकता, सर्जनशीलता और मस्तिष्क में अचानक कौंधे 'महान विचार' बहुत महत्त्वपूर्ण हैं, लेकिन उन्हें सीढ़ी-दर-सीढ़ी क्रम में उपयोग करने की आवश्यकता है, जिससे लोकतांत्रिक शक्तियों की रणनीतिक स्थिति को और आगे बढ़ाया और सुदृढ़ किया जा सके।

तानाशाही के विरुद्ध अनगिनत सम्भव कार्रवाइयों की जानकारी जब आपको होती है, तो आप यह तय नहीं कर पाते कि शुरू कहाँ से करें? किस कार्रवाई से पहल करें? कौन-सी कार्रवाई उसके बाद और फिर उसके बाद हो? कार्रवाइयों का क्रम क्या हो? ऐसी स्थिति में कुछ लोग सलाह देते हैं, "सब कुछ एक साथ करो।" ऐसा करना असम्भव है, ख़ास तौर पर तब जब आन्दोलन अपेक्षाकृत कमज़ोर हो। इसके अलावा इस तरह के दृष्टिकोण से कोई मार्गदर्शन नहीं मिलता कि कहाँ से शुरू करें, कहाँ अपने प्रयासों को केन्द्रित करें, और अक्सर सीमित मात्रा में उपलब्ध साधनों का उपयोग कैसे करें।

अन्य व्यक्ति या समूह, योजना बनाने की आवश्यकता को तो महसूस कर सकते हैं, लेकिन वे केवल अल्पकालिक या

सामरिक दाँव-पेंच से अधिक सोचने में सक्षम नहीं होते। वे यह नहीं सोच पाते कि दीर्घकालिक योजना आवश्यक है या सम्भव है। वे अक्सर रणनीतिक दृष्टि से सोचने और विश्लेषण करने में असमर्थ हो सकते हैं, उनका ध्यान बार-बार छोटे-मोटे मुद्दों की तरफ़ बँट जाता है, वे अक्सर विरोधियों की कार्रवाई की प्रतिक्रिया में उलझ जाते हैं बजाय इसके कि लोकतांत्रिक प्रतिरोध की पहल के अवसरों को तलाशें और उन्हें लपककर, उनका पूरा लाभ उठाएँ। अल्पकालिक गतिविधियों में इतनी अधिक ऊर्जा बेकार में व्यय करते हुए, ये नेता अक्सर अनेकों वैकल्पिक रास्तों को तलाशने में विफल रहते हैं, जो तमाम प्रयासों का मार्गदर्शन कर सकें, ताकि आन्दोलन लक्ष्य-प्राप्ति की दिशा में लगातार आगे बढ़ता रहे।

केवल तात्कालिक मुद्दों पर ध्यान देना और तानाशाही को ध्वस्त करने के लिए एक व्यापक रणनीति न बनाने का एक और भी कारण हो सकता है। ख़ुद के अन्दर, मन से, वे वास्तव में यह नहीं मानते कि तानाशाही को उनके प्रयासों द्वारा नष्ट करना सम्भव भी है। इसलिए, कैसे तानाशाही को ध्वस्त किया जाए, ऐसी कोई योजना बनाना, वक़्त की एक रोमानी बर्बादी माना जाता है और इसे निरर्थकता की कसरत कहा जाता है। अपनी गहरी मज़बूत जड़ें जमाए क्रूर तानाशाही के विरुद्ध संघर्ष कर रही जनता का अक्सर ऐसी ज़बरदस्त सैन्य और पुलिस शक्ति से सामना होता है कि उन्हें लगता है तानाशाह जो चाहे वो कर सकते हैं, उन्हें यह भी लगता है कि तानाशाह सर्वशक्तिमान और अजेय हैं। वास्तविक उम्मीद के बिना भी, ये लोग तानाशाही की अवज्ञा करते हैं, क्योंकि वे इसे ईमानदारी का तक़ाज़ा और ऐतिहासिक आवश्यकता मानते हैं। हालाँकि वे यह कभी भी खुलकर स्वीकार नहीं करेंगे, लेकिन वास्तव में उनकी कार्रवाई उन्हें ख़ुद को ही आशाविहीन लग रही होती है। इसलिए उनको

दीर्घकालिक रणनीतिक योजना बनाने में कोई गुण या लाभ या इसकी कोई ठोस आवश्यकता महसूस नहीं होती।

रणनीतिक योजना बनाने में नाकाम रहने के बहुत ही भीषण, कष्टदायक और कठोर परिणाम होते हैं :

- उनकी ख़ुद की शक्ति कण-कण करके बिखर जाती है।
- उनकी कार्रवाइयाँ अप्रभावी हो जाती हैं।
- उनकी ऊर्जा छोटे-मोटे मामूली मुद्दों में ही उलझकर बर्बाद हो जाती है।
- जिन बिन्दुओं पर आप तानाशाही के मुक़ाबले श्रेष्ठ हैं, वहाँ अपनी श्रेष्ठता का आप पूरा लाभ नहीं उठा पाते।
- बलिदानों और क़ुर्बानियों का कोई लाभ नहीं मिलता, वो सब बेकार चली जाती हैं।

यदि लोकतंत्रवादी रणनीतिक योजना नहीं बनाते तो इस बात की प्रबल सम्भावना रहती है कि वे अपने लक्ष्यों को प्राप्त नहीं कर पाएँगे। एक कमज़ोर, बीमार, बेसिर-पैर की योजना, कार्रवाइयों का एक ऊल-जलूल मिश्रण, किसी बड़े प्रमुख प्रतिरोधी प्रयास को आगे नहीं बढ़ा सकता। बल्कि ऐसी विमूढ़, अस्त-व्यस्त, व्याकुल कार्रवाइयों से तानाशाही के लिए अपनी शक्ति और नियंत्रण बढ़ाने का रास्ता और खुल जाएगा।

दुर्भाग्य से, क्योंकि मुक्ति के लिए व्यापक रणनीतिक योजनाएँ शायद ही कभी बनती और विकसित होती हैं, इसीलिए तानाशाही सतही तौर पर बहुत अधिक टिकाऊ और मज़बूत दिखाई देती है, जबकि वास्तव में वह ऐसी मज़बूत और टिकाऊ होती नहीं है। रणनीतिक विरोध के अभाव में, तानाशाहियाँ बरसों या दशकों

तक फ़ालतू में ही टिकी रहती है। यदि बुद्धि लगाकर रणनीतिक योजनाओं पर काम करके क्रमवार कार्रवाई की जाती तो वे तानाशाहियाँ दशकों या बरसों पहले ही चरमराती हुई, भरभराकर ध्वस्त हो जातीं।

रणनीतिक योजना-निर्माण की शब्दावली में चार महत्त्वपूर्ण शब्दों की परिभाषाएँ

रणनीतिक रूप से चिन्तन करने, सोचने-समझने और विचार करने के लिए, चार महत्त्वपूर्ण शब्दों के विषय में स्पष्टता होना परम आवश्यक है।

1. विराट रणनीति (Grand Strategy)
2. रणनीति (Strategy)
3. युद्ध-नीति/दाँव-पेंच (Tactics)
4. विधियाँ/तरीक़े (Methods)

विराट रणनीति

विराट रणनीति वह धारणा या संकल्पना है जिसके द्वारा किसी समूह (जो किसी टकराव में संघर्ष द्वारा अपने लक्ष्य की प्राप्ति में लगा है) के लिए उपयुक्त और उपलब्ध संसाधनों (आर्थिक, मानवीय, नैतिक, राजनीतिक, संगठनात्मक आदि) के उपयोग का समन्वय और निर्देशन होता है।

विराट रणनीति समूह का प्राथमिक ध्यान, संघर्ष के लक्ष्यों और उद्देश्यों पर केन्द्रित करके, कार्रवाई की सबसे उपयुक्त तकनीक निर्धारित करता है (जैसे पारम्परिक सैन्य युद्ध या अहिंसक संघर्ष), जिसे संघर्ष में इस्तेमाल किया जाए। विराट रणनीति की योजना बनाते हुए प्रतिरोध के नेताओं को इन बातों का मूल्यांकन

करना चाहिए और योजना बनानी चाहिए, कि किन दबावों और प्रभावों का विरोधियों पर इस्तेमाल करना है। इसके अलावा, विराट रणनीति में अनुकूल परिस्थितियों और उपयुक्त समय चुनने के निर्णय भी शामिल होंगे, जिनके तहत प्रारम्भिक और बाद के प्रतिरोध अभियान शुरू करने के क्रम तय किए जाएँगे।

विराट रणनीति संघर्ष के संचालन में, 'और अधिक सीमित रणनीतियों' को चुनने के लिए, एक बुनियादी ढाँचा निर्धारित करती है। इसके अलावा, विराट रणनीति, विशेष समूहों को सामान्य कार्यों के आवंटन को निर्धारित करती है, और संघर्ष में उपयोग आनेवाले संसाधनों का उनमें वितरण करती है।

रणनीति

रणनीति एक संकल्पना और धारणा है कि किसी संघर्ष में 'विशेष उद्देश्यों' को प्राप्त करने के लिए (चुनी हुई विराट रणनीति के दायरे में रहते हुए), कौन-सा सर्वोत्तम मार्ग है। रणनीति की तुलना किसी कलाकार की संकल्पना से की जाती है, जबकि रणनीति की योजना किसी वास्तुकार का ख़ाका या नक़्शा है।[1]

रणनीति में एक ऐसी रणनीतिक स्थिति विकसित करने के प्रयास भी शामिल हो सकते हैं जो इतने लाभकारी हों कि तानाशाही को पूर्वाभास दे दें कि खुले संघर्ष में उनकी शर्मनाक पराजय बिलकुल निश्चित है, ताकि तानाशाही बिना संघर्ष किए अपने हथियार डाल दे, आत्मसमर्पण कर दे। या फिर, यदि ऐसा न हो तो, उन्नत और बेहतर रणनीतिक स्थिति, संघर्ष में चुनौती देनेवालों की सफलता को सुनिश्चित कर दे। रणनीति में यह सोच भी शामिल है कि जब सफलता मिले तो उसका पूर्ण सदुपयोग करने के लिए क्या कार्य किया जाए।

---

1. रॉबर्ट हैल्वे, *पर्सनल कम्यूनिकेशन,* 15 अगस्त, 1993

संघर्ष क्रम में इस्तेमाल होने पर, रणनीतिक योजना वह मूल विचार है कि किसी अभियान का विकास कैसे होगा, और इसके अलग-अलग घटकों को आपस में कैसे जोड़ा जाएगा ताकि लक्ष्य प्राप्ति में इनका सबसे लाभकारी तरीक़े से योगदान मिले। इसमें विशेष कार्रवाई, समूहों की छोटी जंगी कार्रवाई के संचालन में कुशलतापूर्वक तैनाती शामिल है। समझ-बूझ की रणनीति बनाते समय, यह विचार भी करना चाहिए कि किसी चुनी हुई संघर्ष की तकनीक में सफलता के लिए क्या-क्या आवश्यकताएँ हैं। अलग-अलग तकनीकों की अलग-अलग आवश्यकताएँ होती हैं। बेशक, सफलता सुनिश्चित करने के लिए सिर्फ़ 'आवश्यकताओं' को पूरा करना ही काफ़ी नहीं है। अतिरिक्त कारकों की भी आवश्यकता हो सकती है।

रणनीति बनाने के दौरान, लोकतंत्रवादियों को अपने लक्ष्य स्पष्ट तौर पर परिभाषित करने चाहिए और निर्धारित किया जाए कि कैसे और किस प्रकार से उन लक्ष्यों की प्राप्ति के लिए किए जा रहे प्रयासों की प्रभावशीलता को मापने और आँकने का काम होगा। यह परिभाषा और विश्लेषण रणनीतिकार को अनुमति देता है कि प्रत्येक चयनित उद्देश्य को हासिल करने के लिए सटीक आवश्यकताओं की पहचान करे। इस स्पष्टता और परिभाषा की आवश्यकता समान रूप से सामरिक योजना (Tactical Planning) बनाने में भी होती है।

युद्ध-नीति/दाँव-पेंच

रणनीति को लागू करने के लिए युद्ध-नीति/दाँव-पेंच और कार्रवाई की विधियों और तरीक़ों का उपयोग किया जाता है। युद्ध-नीति द्वारा किसी सीमित स्थिति में, अपनी शक्तियों का कुशल उपयोग करके अधिकतम लाभ लिया जाता है। युद्ध-नीति एक सीमित

कार्रवाई है, जिसे किसी सीमित लक्ष्य को प्राप्त करने के लिए इस्तेमाल किया जाता है। युद्ध-नीति का चुनाव इस संकल्पना से निर्धारित किया जाता है कि किसी संघर्ष के सीमित चरण में उपलब्ध साधनों का सर्वोत्तम उपयोग कैसे किया जाए, ताकि रणनीति कार्यान्वित हो सके। युद्ध-नीति का चुनाव करते वक़्त और लागू करते समय लगातार इस बात का ध्यान रखा जाना चाहिए कि रणनीतिक लक्ष्यों को प्राप्त किया जा सके, तभी वह सबसे ज़्यादा प्रभावी होगी। ऐसे सामरिक लाभ, जो रणनीतिक लक्ष्यों की प्राप्ति को सुगम और सुदृढ़ नहीं करते, उनका नतीजा बहुमूल्य ऊर्जा को मात्र बरबाद करना ही होता है।

युद्ध-नीति इस प्रकार कार्रवाई के एक छोटे अंश तक ही सीमित है, जो एक व्यापक रणनीति के अन्दर फिट बैठती है, बिलकुल वैसे ही जैसे रणनीति, विराट रणनीति के भीतर फिट बैठती है। युद्ध-नीति हमेशा युद्ध से सम्बन्धित है, जबकि रणनीति में व्यापक विचार शामिल होते हैं। किसी विशेष युद्ध-नीति को केवल एक जंग या एक अभियान विशेष की समग्र रणनीति के रूप में समझा जा सकता है। युद्ध-नीति को रणनीति की तुलना में कम समय के लिए लागू किया जाता है, या छोटे क्षेत्र (भौगोलिक, संस्थागत, आदि), या लोगों की सीमित संख्या द्वारा, या फिर सीमित लक्ष्यों के लिए लागू किया जाता है। अहिंसक कार्रवाई में, सामरिक लक्ष्य और रणनीति के बीच के भेद का आंशिक संकेत इस बात से मिलता है कि चुना हुआ कार्रवाई का लक्ष्य छोटा है या प्रमुख।

आक्रामक युद्ध-नीति का चयन, रणनीति के लक्ष्यों की प्राप्ति को बल प्रदान करने के लिए किया जाता है। युद्ध के दाँव-पेंच रणनीतिकार के हाथों के औज़ार हैं जिनसे ऐसी परिस्थितियाँ उत्पन्न की जा सकें कि प्रतिद्वंद्वी के विरुद्ध निर्णायक आक्रमण किए जा सकें। इसलिए यह अति महत्त्वपूर्ण है कि जिन लोगों को

सामरिक योजना बनाने और कार्यान्वयन की ज़िम्मेदारी दी जाए, वे लोग स्थिति का आकलन करने, और सबसे उपयुक्त तरीक़े चुनने में कुशल हों। जिन लोगों की इस चयन और युद्ध-नीति के निर्माण में भाग लेने की सम्भावना है, वे लोग चुनी हुई तकनीक और विशिष्ट तरीक़ों के इस्तेमाल में ज़रूर प्रशिक्षित होने चाहिए।

विधियाँ/तरीक़े

विधि या तरीक़े का अर्थ है कार्रवाई के साधन। अहिंसक संघर्ष की तकनीक के अन्दर ही दर्जनों प्रकार की कार्रवाई के विशेष रूप हैं (जैसे कि कई प्रकार की हड़तालें, बहिष्कार, राजनीतिक असहयोग जैसे और भी बहुत से)। इनका उल्लेख अध्याय पाँच में है (इनके लिए परिशिष्ट भी देखें जहाँ इनका विस्तार से वर्णन है)।

अहिंसक संघर्ष के लिए एक ज़िम्मेदार और प्रभावी रणनीतिक योजना का विकास, सावधानीपूर्वक किए गए सूत्रीकरण और विराट रणनीति और रणनीतियों, युद्ध-नीतियों व दाँव-पेंच, विधियों व तरीक़ों के चयन पर निर्भर करता है।

इस चर्चा का मुख्य सबक़ यह है कि तानाशाही से मुक्ति के लिए, सावधानीपूर्वक रणनीतिक योजना बनाने में बुद्धि के कुशलतापूर्वक इस्तेमाल की आवश्यकता पड़ती है। समझदारी से योजना बनाने में विफलता का परिणाम, विपत्ति और सर्वनाश होता है। दूसरी ओर बौद्धिक क्षमताओं का प्रभावी उपयोग ऐसे रणनीतिक मार्ग को प्रशस्त करेगा, जो उपलब्ध साधनों का विवेकपूर्ण सदुपयोग करते हुए, मुक्ति और लोकतंत्र के लक्ष्य की ओर लेकर जाएगा।

सात

रणनीतिक योजना का निर्माण

सफलता के अवसरों को बढ़ाने के लिए, प्रतिरोधी नेताओं को कार्रवाई की एक व्यापक योजना को सूत्रबद्ध और तैयार करने की आवश्यकता होगी, जो पीड़ित लोगों का सशक्तीकरण कर सके, तानाशाही को कमज़ोर करे, और अन्ततः तानाशाही को नष्ट कर दे, और एक टिकाऊ लोकतंत्र का निर्माण करे। इस प्रकार की कार्ययोजना बनाने के लिए, परिस्थितियों का सावधानीपूर्वक आकलन करना और तानाशाही के विरुद्ध प्रभावी कार्रवाई के कौन-कौन से विकल्प उपलब्ध हैं, इन सभी बिन्दुओं पर गम्भीरता से विचार-विमर्श करना होगा। इस प्रकार के गहन सोच-विचार से मुक्ति प्राप्त करने के लिए विराट रणनीति और विशिष्ट अभियान रणनीतियों, दोनों को विकसित किया जा सकता है। 'विराट रणनीति' और 'अभियान रणनीति' का विकास, हालाँकि एक-दूसरे से सम्बन्धित है, लेकिन फिर भी ये दो अलग-अलग प्रक्रियाएँ हैं। केवल तब, जब 'विराट रणनीति' पूर्णतया विकसित हो चुकी हो, तब ही अभियान रणनीतियों का पूर्ण विकास सम्भव है। अभियान रणनीति की रचना कुछ इस प्रकार से करनी होगी, ताकि वह 'विराट रणनीति' के उद्‍देश्यों को प्राप्त और सुदृढ़ कर सके।

प्रतिरोध रणनीति को विकसित करने के लिए कई प्रश्नों और कार्यों पर ध्यान देने की आवश्यकता है। यहाँ हम कुछ महत्त्वपूर्ण कारकों (Factors) की पहचान करेंगे, जिन पर दोनों स्तरों—विराट राजनीतिक स्तर, और अभियान रणनीति के स्तर पर, विचार करने की आवश्यकता है। प्रतिरोध की कोई भी योजना बनाने की यह मूलभूत आवश्यकता है कि योजनाकारों को पूरे संघर्ष की स्थितियों-परिस्थितियों की गहरी समझ-बूझ हो। इसमें भौतिक, ऐतिहासिक, सरकारी, सैन्य, सांस्कृतिक, सामाजिक, राजनीतिक, मनोवैज्ञानिक, आर्थिक और अन्तर्राष्ट्रीय सभी कारकों की ओर ध्यान देना और इनकी गहरी समझ-बूझ होना आवश्यक है। रणनीतियों का निर्माण और विकास केवल संघर्ष-विशेष और उसके सन्दर्भ की पृष्ठभूमि में ही किया जा सकता है। जिस प्रकार अलग-अलग व्यक्तियों की पोशाक कोई दर्जी उनकी नाप के अनुसार अलग-अलग आकार में सिलता है, उसी प्रकार अलग-अलग संघर्ष-विशेष को उनकी विशेष स्थितियों-परिस्थितियों के अनुसार ढाला जाता है, अनुकूलित किया जाता है।

लोकतंत्रवादी नेता और रणनीतिक योजनाकार सबसे पहले लक्ष्यों और उद्देश्यों के महत्त्व का आकलन करना चाहेंगे क्योंकि यह प्राथमिक महत्त्व का कार्य है। क्या लक्ष्य किसी बड़े संघर्ष के योग्य है भी? और यदि है तो क्यों? संघर्ष के वास्तविक लक्ष्यों को निर्धारित करना, अति महत्त्वपूर्ण है। हमने पहले भी बार-बार ज़ोर देकर कहा है, कि केवल तानाशाही को अपदस्थ करना या वर्तमान तानाशाही को हटाना अपने आप में पर्याप्त नहीं है। इन संघर्षों और टकरावों का सर्वोच्च लक्ष्य होना चाहिए, एक स्वतंत्र समाज और एक लोकतंत्र प्रणाली वाली सरकार की स्थापना। इस बिन्दु पर सुस्पष्टता, विराट रणनीति और आगामी विशिष्ट रणनीतियों के विकास को निश्चित रूप से प्रभावित करेगी।

तत्कालीन परिस्थितियों के सही आकलन के लिए लोकतंत्रवादियों को अपना और तानाशाह का स्वोट विश्लेषण करने की आवश्यकता है। (Swot = Strength ताक़त, Weakness कमज़ोरी, Opportunities उपलब्ध अवसर, Threats ख़तरे।) अपने पक्ष और तानाशाही पक्ष की क्या ताक़तें हैं और क्या कमज़ोरियाँ हैं? तानाशाही को ध्वस्त और अपदस्थ करने के क्या अवसर उपलब्ध हैं? कौन-कौन से ख़तरे मौजूद हैं? कैसे अपनी ताक़तों और उपलब्ध अवसरों का पूरा-पूरा लाभ उठाया जाए? कैसे अपनी कमज़ोरियों की सुरक्षा की जाए? कैसे मौजूद ख़तरों से अपने पक्ष को बचाया जाए?

विशेष रूप से, रणनीतिकारों को कई मौलिक प्रश्नों के उत्तर तलाशने होंगे। कुछ प्रश्नों के उदाहरण नीचे प्रस्तुत हैं :

- मुक्ति प्राप्त करने में मुख्य बाधाएँ क्या हैं?
- कौन से कारक मुक्ति प्राप्त करने में सहायक होंगे?
- तानाशाही की प्रमुख ताक़तें कौन-कौन सी हैं?
- तानाशाही की विभिन्न कमज़ोरियाँ क्या हैं?
- तानाशाही की सत्ता-शक्ति के स्रोत किस हद तक सुभेद्य हैं? वो कौन से सत्ता-शक्ति के स्रोत हैं जिन्हें आसानी से नष्ट किया जा सकता है?
- लोकतंत्रवादियों और जनसाधारण की ताक़त क्या है?
- लोकतंत्रवादियों की कमज़ोरियाँ क्या हैं? इन कमज़ोरियों को कैसे सुधारा जा सकता है?
- तीसरा पक्ष, जो अभी संघर्ष में शामिल नहीं है, या जो तानाशाही की या लोकतंत्रवादियों की पहले से ही सहायता कर रहा है, या आगे चलकर सहायता कर सकता है, उस तीसरे पक्ष की क्या स्थिति है? या वो तीसरा पक्ष किन तरीक़ों से लोकतंत्रवादियों या तानाशाही की मदद कर सकता है?

साधनों को उपलब्ध विकल्पों में से चुनना

विराट रणनीति के स्तर पर योजनाकारों को ऐसे संघर्ष के प्रमुख साधन चुनने पड़ेंगे, जिन्हें भविष्य में होनेवाले संघर्ष और टकराव में इस्तेमाल किया जाएगा। योजनाकारों को बहुत सारी वैकल्पिक संघर्ष की तकनीकों के गुण-दोष का मूल्यांकन करना पड़ेगा, जैसे पारम्परिक सैन्य-युद्ध, गुरिल्ला-युद्ध, राजनीतिक अवज्ञा, और अन्य।

विकल्पों को चुनने के लिए रणनीतिकारों को कुछ ऐसे प्रश्नों के उत्तर तलाशने होंगे, जैसे—क्या चयनित संघर्ष के साधन के इस्तेमाल की क्षमता लोकतंत्रवादियों में है? क्या चयनित संघर्ष की तकनीक, तानाशाही को झेल रही जनता की ताक़त का पूर्णरूपेण दोहन और सदुपयोग करती है? क्या यह चयनित तकनीक तानाशाही की सुभेद्य कमज़ोरियों को लक्षित करती है, या फिर यह तकनीक तानाशाही के सबसे मज़बूत और अभेद्य दुर्ग पर प्रहार करती है? क्या चयनित साधन लोकतंत्रवादियों को आत्मनिर्भर बनाने में सहायक हैं या फिर इन साधनों के इस्तेमाल के कारण वे तीसरे पक्ष या बाहरी आपूर्तिकर्ताओं के मोहताज और उन पर आश्रित हो जाएँगे? चयनित साधन व तकनीक का, तानाशाही को ध्वस्त करने में, पिछला रिकॉर्ड कैसा रहा है? क्या अतीत में, चयनित साधन और तकनीक, तानाशाही को अपदस्थ करने में क़ामयाब रही है? क्या यह चयनित साधन, हताहतों की संख्या में कमी लाएगा या वृद्धि करेगा? क्या यह चयनित साधन आगामी संघर्ष में, मौत और तबाही को बढ़ाएगा या फिर सीमित व कम करेगा? यदि यह मान भी लिया जाए कि तानाशाही का अन्त करने में अन्ततः सफलता प्राप्त होगी, तो भी यह आकलन करना ज़रूरी है कि, संघर्ष से उत्पन्न हुई नई सरकार कैसी और किस प्रकार की होगी? कहीं यह नई सरकार एक नई तानाशाही तो नहीं होगी? नई सरकार के इन सभी गुण-दोषों पर चयनित

साधनों का क्या प्रभाव पड़ेगा? ऐसी कार्रवाई, ऐसे साधन और तकनीकें, जिनका विपरीत प्रभाव हो, जो एक पुरानी तानाशाही के स्थान पर एक नई तानाशाही को स्थापित करने की सम्भावना रखती हों, ऐसे सभी साधनों को 'विकसित विराट रणनीति' से बहुत दूर रखने की आवश्यकता होगी।

पिछले अध्यायों में हमने तर्क दिया था कि राजनीतिक अवज्ञा अन्य तकनीकों के मुक़ाबले में महत्त्वपूर्ण रूप से लाभकारी है। रणनीतिकारों को अपने-अपने संघर्ष की विशेष परिस्थितियों की जाँच और अध्ययन करने की आवश्यकता होगी, कि क्या 'राजनीतिक अवज्ञा' उपरोक्त प्रश्नों के सकारात्मक उत्तर प्रदान करती है?

लोकतंत्र के लिए योजना-निर्माण

इस बात को हमेशा याद रखना चाहिए कि किसी भी तानाशाही के ख़िलाफ़ 'विराट रणनीति' का उद्देश्य केवल तानाशाहों को अपदस्थ करना ही नहीं होता, बल्कि उसके साथ-साथ एक नई लोकतांत्रिक प्रणाली की स्थापना करना भी होता है। रणनीति का लक्ष्य किसी नई तानाशाही के उदय को असम्भव बनाना भी होता है। इन सभी उद्देश्यों को प्राप्त करने के लिए, संघर्ष के ऐसे साधनों का चयन करना होगा जो ऐसा बदलाव लाएँ, जिससे प्रभावी सत्ता-शक्ति का समाज में वितरण हो, विकेन्द्रीकरण हो। शक्ति का संग्रह या केन्द्रीकरण चन्द व्यक्तियों के गिरोह तक न सीमित रह जाए, इसके उपाय करने होंगे। तानाशाही शासन में जनता और नागरिक संस्थान बहुत ही कमज़ोर व शक्तिहीन हो जाते हैं। दूसरी ओर तानाशाही शासन में, सरकार बहुत ही ज़्यादा ताक़तवर व बलशाली हो जाती है। यदि जनता और शासकों के बीच शक्ति-वितरण के इस असन्तुलन को नष्ट नहीं किया गया, तो नए शासकों का समूह, यदि वे चाहें तो, पुराने गिरोह

की तरह तानाशाह बन सकता है। इसीलिए यह माना ज़ाता है कि 'महल-क्रान्ति' का होना, या 'तख़्तापलट' हो जाना, लोकतंत्र की दृष्टि से कोई स्वागत योग्य घटना नहीं है।

जैसी कि अध्याय पाँच में भी चर्चा की गई थी, 'राजनीतिक अवज्ञा', तानाशाही के ख़िलाफ़ समाज की लामबन्दी के माध्यम से, प्रभावी शक्ति के समाज में और अधिक वितरण में योगदान देती है। यह प्रक्रिया, कई तरीक़ों द्वारा कार्यान्वित होती है। अहिंसक संघर्ष की क्षमता के विकास का नतीजा यह होता है कि तानाशाह के दमन की क्षमता, जनता को अब आसानी से डराती या भयभीत नहीं करती तथा आज्ञापालन व अधीनता स्वीकार कराने में तानाशाही विफल हो जाती है। जनसाधारण के पास ऐसे शक्तिशाली साधन उपलब्ध हो जाते हैं, जिनके द्वारा वह तानाशाही के ताक़त के प्रयोग से निपट सकती है और उसे अवरुद्ध कर सकती है। इसके अलावा, 'राजनीतिक अवज्ञा' द्वारा लोकप्रिय शक्ति की लामबन्दी से समाज के स्वतंत्र संस्थानों को और अधिक मज़बूती मिलेगी। एक बार प्रभावी शक्ति का प्रयोग करने का अनुभव, आसानी से और जल्दी से भूला नहीं जाता। जनता को संघर्ष द्वारा जो अनुभव, ज्ञान और कौशल अर्जित होता है, उसके दम से जनता आगे आनेवाले सम्भावित तानाशाहों का वर्चस्व आसानी से स्थापित नहीं होने देगी। 'सत्ता-शक्ति' के रिश्तों में यह बदलाव आख़िरकार एक टिकाऊ लोकतांत्रिक समाज की स्थापना की सम्भावना को और अधिक बढ़ाएगा।

बाहरी सहायता

किसी 'विराट रणनीति' के निर्माण के भाग के रूप में, यह आकलन करना आवश्यक है कि किसी तानाशाही को विघटित करने में, आन्तरिक प्रतिरोध और बाहरी दबावों की सापेक्ष

(Relative) भूमिकाएँ क्या होंगी? इस विश्लेषण में पहले भी तर्क दिया जा चुका है कि संघर्ष की मुख्य शक्ति का स्रोत देश के अन्दर ही होना चाहिए। जितनी भी अन्तर्राष्ट्रीय सहायता प्राप्त होगी, वह सब आन्तरिक संघर्ष से प्रेरित होगी। वैश्विक जनता की राय को तानाशाही के ख़िलाफ़, मानवीय, नैतिक, और धार्मिक आधार पर लामबन्द करने के लिए, एक विनीत पूरक के रूप में, प्रयास होने चाहिए। अन्तर्राष्ट्रीय संगठनों एवं सरकारों द्वारा, तानाशाही के ख़िलाफ़ राजनयिक, राजनीतिक, और आर्थिक प्रतिबन्ध लगवाने के प्रयास किए जा सकते हैं। ये प्रतिबन्ध कई प्रकार के हो सकते हैं, जैसे—आर्थिक प्रतिबन्ध, सैन्य हथियारों की आपूर्ति पर प्रतिबन्ध, राजनयिक सम्बन्धों को तोड़ना या राजनयिक सम्बन्धों के स्तर को निम्न कर देना, या आर्थिक सहायता को बन्द कर देना, तानाशाही वाले देश में विदेशी निवेश निषेध कर देना, अन्तर्राष्ट्रीय संगठनों एवं संयुक्त राष्ट्र निकायों से तानाशाह सरकार का निष्कासन। इसके अलावा, अन्तर्राष्ट्रीय सहायता जैसे कि वित्तीय और संचार माध्यमों और साधनों का प्रावधान और समर्थन, लोकतांत्रिक ताक़तों को सीधे प्रदान भी किया जा सकता है। तानाशाही सरकार की मान्यता रद्द करके, लोकतंत्रवादियों की निर्वासित या अन्तरिम सरकार को मान्यता प्रदान की जा सकती है।

विराट रणनीति को सूत्रबद्ध करना

परिस्थितियों का सही आकलन, साधनों का चयन, और बाहरी सहायता की भूमिका तय कर लेने के पश्चात्, विराट रणनीति के योजनाकारों को एक व्यापक ख़ाका बनाने की आवश्यकता है जो तय करेगा कि संघर्ष के संचालन करने का सर्वोत्तम मार्ग क्या होगा? यह व्यापक योजना, वर्तमान स्थिति से लेकर, भविष्य

की मुक्ति और एक लोकतांत्रिक व्यवस्था की स्थापना तक की बनेगी। ऐसी विराट योजना तैयार करने में इन योजनाकारों को ख़ुद से कई तरह के कठिन प्रश्न पूछने होंगे। निम्नलिखित प्रश्न (पहले की तुलना में और अधिक विशिष्ट तरीक़े से) राजनीतिक अवज्ञा के संघर्ष के लिए विराट रणनीति तैयार करने में पूछने आवश्यक हैं :

1. दीर्घकालीन संघर्ष की सर्वोत्तम शुरुआत कैसे हो सकती है?

2. उत्पीड़ित जनता शुरुआती दौर में, चाहे सीमित रूप में ही सही, तानाशाही को चुनौती देने का पर्याप्त आत्मविश्वास और शक्ति कैसे प्राप्त कर सकती है?

3. कैसे जनता की असहयोग और अवज्ञा लागू करने की क्षमता को समय और अनुभव के बाद बढ़ाया जा सकता है?

4. सीमित अभियानों की शृंखला के लक्ष्य क्या हों, जिनसे समाज पर लोकतांत्रिक नियंत्रण पुन: प्राप्त हो सके, तथा तानाशाही को सीमित किया जा सके।

5. क्या कुछ ऐसी संस्थाएँ हैं जो तानाशाही की जकड़ से बची हुई हैं और जिनका उपयोग, स्वतंत्रता स्थापित करने के संघर्ष में किया जा सकता है?

6. समाज के ऐसे कौन-से संस्थान हैं, जिन्हें तानाशाह की पकड़ से छुड़ाया जा सकता है?

7. लोकतंत्रवादियों की अपनी आवश्यकताओं को पूर्ण करने के लिए और लोकतंत्र के दायरे को बढ़ाने के लिए, ऐसे कौन-से संस्थान हो सकते हैं, जिन्हें नव-निर्मित करने की आवश्यकता है, जबकि तानाशाही जारी है।

8. प्रतिरोध के दौर में, संगठनात्मक शक्ति कैसे विकसित की जा सकती है?

9. प्रतिरोध में भाग लेनेवाले लोगों को कैसे प्रशिक्षित किया जाए?

10. पूरे संघर्ष के दौरान, किन साधनों (वित्त, उपकरण आदि) की आवश्यकता होगी?

11. जनता को लामबन्द करने के लिए किस प्रकार के प्रतीकों की आवश्यकता होगी?

12. तानाशाह की सत्ता-शक्ति के स्रोतों को, किस प्रकार की कार्रवाई द्वारा और किन चरणों में, सीढ़ी-दर-सीढ़ी कमज़ोर किया जा सकता है, या फिर उन स्रोतों को पूरी तरह से काटा या बन्द किया जा सकता है।

13. प्रतिरोधी जनता कैसे एक साथ अपनी राजनीतिक अवज्ञा पर क़ायम रहते हुए, आवश्यक अहिंसक अनुशासन को भी बनाए रख सकती है?

14. किस तरह से समाज, संघर्ष के दौरान, अपनी बुनियादी ज़रूरतों को लगातार पूरा कर सकता है?

15. संघर्ष के दौरान सामाजिक व्यवस्था को कैसे बनाए रखा जा सकता है?

16. जैसे-जैसे विजय-पथ पर चलते हुए विजय की ओर आगे बढ़ते हैं, लोकतांत्रिक प्रतिरोध, तानाशाही के अन्त के बाद अस्तित्व में आनेवाले और सक्रिय होनेवाले संस्थागत आधार का लगातार निर्माण कैसे कर सकता है? यह इसलिए ताकि तानाशाही से लोकतांत्रिक व्यवस्था के संक्रमण को अधिकतम सहज बनाया जा सके।

यह हमेशा याद रखना चाहिए कि तानाशाही के ख़िलाफ़ सभी मुक्ति-आन्दोलनों के लिए रणनीति बनाने का कोई भी एक ख़ाका न तो मौजूद है, और न ही किसी ऐसे ख़ाके का निर्माण सम्भव है। हर तानाशाही को ध्वस्त करने और उसके स्थान पर लोकतांत्रिक व्यवस्था को स्थापित करने का संघर्ष मुख़्तलिफ़, अपूर्व, अप्रतिम, अलग, अद्वितीय, अनोखा, अनूठा, और विशिष्ट होता है। कोई भी दो स्थितियाँ एक समान नहीं होतीं। हर तानाशाही की अपनी कुछ अलग विशेषताएँ, और अलग विशिष्ट गुण होते हैं। मुक्ति की चाहत रखनेवाली जनता की क्षमताएँ, एक-दूसरे से भिन्न होती हैं। किसी राजनीतिक अवज्ञा के संघर्ष की विराट योजना बनानेवाले योजनाकारों को, संघर्ष विशेष की स्थिति की न केवल गहरी समझ होनी चाहिए, बल्कि संघर्ष के चुने हुए साधनों की भी गहन समझ-बूझ होनी चाहिए।[1]

---

1. विस्तृत अध्ययन के लिए : जीन शार्प, द *पॉलिटिक्स ऑफ़ नॉन-वायलेंट* (बोस्टन, मस्साचुसेट्स : पोर्टर सार्जेंट, 1973) तथा पीटर एकरमान और क्रिस्टोफर क्रूएगलर, *स्ट्रेटेजिक नॉन-वायलेंट कान्फ्लिक्ट,* (वेस्टपोर्ट, कनेक्टिकट : प्रागेर, 1994), जीन शार्प, *वेजिंग नॉन-वायलेंट स्ट्रगल : ट्वेन्टिएथ सेंचुरी प्रैक्टिस एंड ट्वेंटी-फ़र्स्ट सेंचुरी पोटेंशियल,* बोस्टन : पोर्टर सार्जेंट, 2005, भी देखें।

जब संघर्ष की विराट रणनीति सावधानीपूर्वक बन चुकी हो, तो इस रणनीति का व्यापक प्रचार होना चाहिए, और कोशिश होनी चाहिए कि अधिकतम लोग इसे जान जाएँ। ऐसा बहुत ज़रूरी है और इसके कई स्वस्थ कारण मौजूद हैं। सभी जानते हैं कि राजनीतिक अभियान की सफलता के लिए यह परम आवश्यक है कि लोगों की एक बड़ी संख्या इसमें शामिल हो। जनता इसमें तभी शामिल होना चाहेगी और कार्रवाई करने योग्य होगी, जब वह इस संकल्पना को अच्छी तरह से समझ पाएगी, और विशिष्ट निर्देशों को भी गहराई से भली प्रकार समझ लेगी। यह ज्ञान, उसके मनोबल पर, उसकी भाग लेने की इच्छा पर, और उचित तरीक़े से कार्य करने के लिए सकारात्मक प्रभाव डालेगा। विराट रणनीति की सामान्य रूपरेखा वैसे भी कैसे न कैसे तानाशाहों को पता चल ही जाएगी। इस रणनीति की विशेषताओं का ज्ञान तानाशाहों को उत्पीड़न में सम्भवतः कम क्रूर बनाएगा क्योंकि वे जान जाएँगे कि क्रूरताओं का उन पर उलटा राजनीतिक प्रभाव पड़ेगा। विराट रणनीति की विशेषताओं के बारे में जागरूकता सम्भावित रूप से तानाशाहों के बाड़े में असन्तोष तथा दल-बदल करा सकती है।

एक बार तानाशाही को ध्वस्त करने और लोकतांत्रिक प्रणाली की स्थापना की विराट रणनीति को अपना लिया जाए, तब यह महत्त्वपूर्ण है कि लोकतंत्रवादी समूह इस पर दृढ़तापूर्वक क़ायम रहें और इसे लगातार कार्यान्वित करें। केवल बहुत ही दुर्लभ स्थितियों में संघर्ष प्रारम्भिक विराट रणनीति के मार्ग को छोड़ता है। जब इस बात के पर्याप्त प्रमाण मिल जाएँ कि चुनी हुई विराट रणनीति बुनियादी तौर पर ग़लत थी, या फिर संघर्ष की परिस्थितियों में मौलिक परिवर्तन हो गया है, तब योजनाकार विराट रणनीति में परिवर्तन कर सकते हैं। यह तब ही करना चाहिए जब पुनः बुनियादी आकलन कर लिया गया हो, तथा

नई और अधिक बेहतर विराट रणनीति विकसित हो चुकी हो, और अपना ली गई हो।

अभियान रणनीति की योजना बनाना

तानाशाही को नष्ट करने और लोकतंत्र को स्थापित करने के लिए विकसित विराट रणनीति चाहे कितनी भी समझ-बूझ से क्यों न बनाई गई हो, चाहे वो कितनी भी आशाजनक क्यों न हो, कोई भी विराट रणनीति स्वयं कार्यान्वित नहीं होती। तानाशाही की शक्ति की बुनियाद को खोखला करने के उद्देश्य से बड़े अभियानों के मार्गदर्शन के लिए, कुछ ख़ास रणनीतियाँ विकसित करनी पड़ती हैं। तानाशाहों के शासन के ख़िलाफ़ निर्णायक प्रहार करने के लक्ष्य को लेकर, इन्हीं रणनीतियों में सामरिक दाँव-पेंच का एक शस्त्रागार होगा। युद्ध-नीति/दाँव-पेंच (Tactics) और कार्रवाई की 'विशिष्ट विधियाँ' (Specific Methods Of Actions) को सावधानीपूर्वक चुना जाना चाहिए, ताकि वे प्रत्येक 'विशेष रणनीति' (Particular Strategy) के लक्ष्यों को प्राप्त करने में योगदान दे सकें। यहाँ चर्चा केवल रणनीति के स्तर पर केन्द्रित है।

रणनीतिकार जो प्रमुख अभियानों की योजना बनाएँ, उन्हें विराट रणनीति बनानेवाले योजनाकारों की तरह, चुने हुए संघर्ष की तकनीक की प्रकृति और संचालन के तरीक़ों की, गहन समझ होने की आवश्यकता है। जिस प्रकार सैन्य अधिकारियों को सैन्य रणनीति बनाने के लिए, बल संरचनाओं (Force Structures), दाँव-पेंच, युद्ध-नीति, व्यूह-रचना, सैन्य तंत्र, रसद (Logistics), जंगी-सामान, गोला-बारूद, भूगोल के प्रभाव, जैसे विषयों की—सैन्य रणनीति बनाने के लिए—गहन समझ होनी चाहिए, उसी प्रकार राजनीतिक अवज्ञा योजनाकारों को,

अहिंसक संघर्ष की प्रकृति और रणनीतिक सिद्धान्तों की गहन समझ होनी चाहिए। अहिंसक संघर्ष का ज्ञान, इस पुस्तक में दी गई सलाहों पर ध्यान देने, और यहाँ प्रस्तुत प्रश्नों के उत्तर देने के बावजूद, रणनीति ख़ुद-ब-ख़ुद नहीं बनेगी। संघर्ष की रणनीति के सूत्रीकरण के लिए एक ज्ञानवान रचनात्मकता की आवश्यकता है।

विशिष्ट चयनात्मक प्रतिरोध अभियान की रणनीतियों की योजना बनाने के लिए, और मुक्ति-संघर्ष के दीर्घकालीन विकास के लिए, राजनीतिक अवज्ञा के रणनीतिकारों को विभिन्न मुद्दों और समस्याओं पर विचार करना होगा। इनमें से कुछ निम्नलिखित हैं :

1. अभियान के विशिष्ट उद्देश्यों को और विराट रणनीति को कार्यान्वित करने में इनका क्या योगदान होगा, यह निर्धारित करना।

2. ऐसी विशिष्ट विधियों (Specific Methods) या राजनीतिक हथियारों पर विचार करना, जिनका सर्वोत्तम इस्तेमाल चुनी हुई रणनीतियों को कार्यान्वित करने में हो सकता है। किसी विशेष रणनीतिक अभियान के लिए, प्रत्येक समग्र योजना के भीतर यह निर्धारित करना आवश्यक होगा कि कौन-सी छोटी सामरिक योजनाएँ (Tactical Plans) हैं और कार्रवाई की कौन-सी विशिष्ट विधियाँ (Specific Methods Of Actions) हैं, जिनका इस्तेमाल तानाशाह की सत्ता-शक्ति के स्रोतों और जड़ों पर दबाव डालने, प्रतिबन्धित करने, व काटने के लिए किया जा सकता है। यह नहीं भूलना चाहिए कि ध्यानपूर्वक चुने हुए और कार्यान्वित, विशिष्ट

छोटे-छोटे क़दमों के परिणामस्वरूप ही प्रमुख लक्ष्यों की प्राप्ति होगी।

3. यह निर्धारित करना कि क्या या कैसे, आर्थिक मुद्दों का इन संघर्षों से सम्बन्ध रखा जाए। संघर्ष कुल मिलाकर अनिवार्य रूप से राजनीतिक संघर्ष है। यदि संघर्ष में आर्थिक मुद्दों को भी प्रमुखता से शामिल किया जाता है, तो यह ध्यान रखने की ज़रूरत है कि तानाशाही समाप्त होने के बाद, आर्थिक शिकायतों को दूर किया जा सके। यदि आर्थिक शिकायतों का तानाशाही को अपदस्थ करने के तत्काल बाद समाधान न किया गया, तो तानाशाही शासन प्रणाली से लोकतांत्रिक शासन प्रणाली के संक्रमण काल के दौरान, जनता में नई सरकार से मोहभंग हो सकता है और व्यापक असन्तोष फैल सकता है। इस तरह असन्तोष और मोहभंग के वातावरण में तानाशाही ताक़तें, आर्थिक परेशानियों को दूर करने के वायदे-जुमले जनता में उछाल सकती हैं, और तानाशाही के पुनः स्थापित होने की सम्भावना की तलवार हमेशा लोकतंत्र की गर्दन पर लटकी रहती है।

4. प्रतिरोध संघर्ष शुरू करने से पहले ही नेतृत्व की संरचना और संचार प्रणाली का कैसे बेहतर इस्तेमाल हो सकता है, यह सब निर्धारित करना परम आवश्यक है। संघर्ष के दौरान निर्णय लेने और संचार के कौन-से साधन सम्भव और उपलब्ध होंगे, जिनके द्वारा आम जनता और प्रतिरोधियों का निरन्तर मार्गदर्शन किया जा सके?

5. प्रतिरोध के समाचारों को आम जनता तानाशाहों के शासन-प्रशासन के अधिकारियों और कर्मचारियों को, तानाशाह के सशस्त्र बलों के सैनिकों-अधिकारियों को, और अन्तर्राष्ट्रीय प्रेस को ज़रूर पहुँचना चाहिए। दावे और रिपोर्टिंग हमेशा सत्य व तथ्यात्मक होनी चाहिए। अतिरंजना और निराधार दावे, प्रतिरोध की विश्वसनीयता को कम कर देंगे।

6. आत्मनिर्भर सकारात्मक सामाजिक, शैक्षणिक, आर्थिक और राजनीतिक गतिविधियों की योजना बनाना आवश्यक है। इससे आनेवाले संघर्ष के दौरान अपने लोगों की ज़रूरतों को पूरा किया जा सकेगा। ऐसी परियोजनाएँ उन लोगों द्वारा संचालित की जा सकती हैं, जो सीधे तौर पर प्रतिरोध की गतिविधियों में शामिल नहीं हैं।

7. यह निर्धारित करना आवश्यक है कि विशिष्ट अभियान या व्यापक मुक्ति संघर्ष में, किस प्रकार की बाहरी सहायता वांछनीय है। बाहरी मदद कैसे सबसे बेहतर तरीक़े से जुटाई जा सकती है, और उसका कैसे सर्वोत्तम उपयोग किया जाए? इस बात को हमेशा ध्यान में रखा जाना चाहिए कि आन्तरिक संघर्ष कभी भी अनिश्चित बाहरी कारकों पर निर्भर, आश्रित और मोहताज न होने पाए। इस बात का भी ध्यान रखा जाए कि कौन-से बाहरी समूह, सहायता करने की सबसे अधिक सम्भावना रखते हैं, और सबसे उपयुक्त हैं, जैसे ग़ैर-सरकारी संगठन (सामाजिक आन्दोलन, धार्मिक

या राजनीतिक समूह, श्रमिक संघ), सरकारें, और/
या संयुक्त राष्ट्र संघ और उसके विभिन्न निकाय।

इसके अलावा, प्रतिरोध के योजनाकारों को ऐसे उपाय करने की आवश्यकता होगी कि तानाशाही नियंत्रणों के ख़िलाफ़ जन प्रतिरोध के दौरान व्यवस्थाएँ बनी रहें और सामाजिक ज़रूरतों को अपने बलों द्वारा ही पूरा किया जाए। यह न केवल वैकल्पिक स्वतंत्र लोकतांत्रिक संरचनाएँ पैदा करेगा और वास्तविक ज़रूरतों को पूरा करेगा, बल्कि किन्हीं ऐसे दावों की विश्वसनीयता को कम कर देगा कि अस्त-व्यस्त, अव्यवस्था, हुल्लड़बाज़ी व बिगड़ी क़ानून-व्यवस्था को रोकने के लिए निर्मम उत्पीड़न करना अति आवश्यक है।

असहयोग के विचार का प्रचार-प्रसार

किसी तानाशाही के ख़िलाफ़ एक सफल राजनीतिक अवज्ञा के लिए यह आवश्यक है कि आम जनता अहिंसक संघर्ष की विचारधारा को तथा असहयोग के विचार को गहराई से समझे और आत्मसात् कर ले। जैसा कि 'वानर-स्वामी' की कहानी (अध्याय तीन देखें) के उदाहरण से स्पष्ट है, मूल विचार एक़दम सरल है : यदि अधीनस्थ लोग, पर्याप्त संख्या में, दमन के बावजूद, पर्याप्त लम्बे समय तक, सहयोग देने से मना करते हैं, असहयोग अपनाते हैं, तो दमनकारी प्रणाली लगातार कमज़ोर होती चली जाएगी व अन्ततः उसका पतन और ख़ात्मा होकर रहेगा; जल्द ही वह एक रेत के महल की तरह भरभराकर ढह जाएगी।

तानाशाही में रहनेवाले लोग, विभिन्न स्रोतों से मिली जानकारी के कारण, इस अवधारणा और विचारधारा से पहले

से ही परिचित हो सकते हैं। इसके बावजूद लोकतांत्रिक ताक़तों को आगे बढ़कर इस विचार का प्रचार-प्रसार करना चाहिए और इसे लोकप्रिय बनाने के भरसक प्रयास करने चाहिए। 'वानर-स्वामी' की कथा या इससे मिलती-जुलती अन्य कथाओं को पूरे समाज में फैलाया और पहुँचाया जाना चाहिए। ऐसी कथाओं द्वारा विचारधारा का मर्म एक़दम आसानी से समझ में आ जाता है। एक बार असहयोग की अवधारणा को समझ लेने के पश्चात्, लोग भविष्य में तानाशाही के विरुद्ध असहयोग के आह्वान की प्रासंगिकता को सरलता से समझ पाएँगे। जनसाधारण अपने दम पर भी नई-नई परिस्थितियों में, असहयोग के असंख्य विशिष्ट रूपों को स्थिति के अनुसार ढालने और सुधारने में सक्षम हो जाएँगे।

तानाशाही शासन में, विचारों, समाचारों और प्रतिरोध निर्देशों के संचार में मौजूद कठिनाइयों और ख़तरों के बावजूद; लोकतंत्रवादियों ने अक्सर इसे सम्भव करके दिखाया है। यहाँ तक कि नाज़ी और कम्यूनिस्ट शासन के तहत भी प्रतिरोध के कार्यकर्ताओं के लिए यह सम्भव था। वे केवल मुट्ठी-भर व्यक्तियों के साथ ही संवाद नहीं करते थे; बल्कि अवैध समाचार-पत्रों, पत्रकों, किताबों और बाद के वर्षों में, ऑडियो व वीडियो कैसेट के माध्यम से भी, बड़ी संख्या में जनता से संवाद करने में सक्षम थे।

पहले से ही रणनीतिक योजना बनाने का फ़ायदा यह है कि प्रतिरोध के लिए सामान्य दिशा-निर्देश तैयार और प्रसारित किए जा सकते हैं। इसमें उन मुद्दों और परिस्थितियों को इंगित किया जा सकता है जिनका जनता को विरोध करना चाहिए; या/और सहयोग करना बन्द कर देना चाहिए, तथा यह सब किस विधि से किया जाए। तब भले ही आम जनता का लोकतांत्रिक नेतृत्व से संचार विच्छेद हो चुका हो, और विशिष्ट निर्देश जारी नहीं

किए गए हों, या जनता तक पहुँचे ही नहीं हों, तब भी जनता को मालूम होगा कि किसी महत्त्वपूर्ण मुद्दे पर कैसे प्रतिक्रिया या कार्रवाई करनी है। इस प्रकार के दिशा-निर्देशों से किसी नक़ली 'प्रतिरोध-निर्देशों' (जिन्हें तानाशाही की राजनीतिक पुलिस द्वारा लोकतांत्रिक शक्तियों को 'बदनाम करनेवाली कार्रवाई' को भड़काने के लिए अक्सर प्रयोग किया जाता है) की पहचान का परीक्षण भी हो सकेगा।

दमन और प्रति-उपाय

रणनीतिक योजनाकारों को तानाशाही की सम्भावित प्रतिक्रियाओं और दमन का आकलन करने की ज़रूरत है, ख़ास तौर पर हिंसा की दहलीज़ का आकलन आवश्यक है, अर्थात् वह लक्ष्मण-रेखा या दहलीज़ जिसको पार करने पर, तानाशाही लोकतांत्रिक प्रतिरोधियों की कार्रवाई के जवाब में, हिंसा और दमन करना शुरू कर देगी। यह निर्धारित करना आवश्यक है कि कैसे बिना झुके इस सम्भावित दमन से बचें, या फिर उसका डटकर सामना या प्रतिकार करें। रणनीतिक दृष्टि से, विशेष अवसरों पर सम्भावित दमन के विषय पर जनता और प्रतिरोधियों को उपयुक्त चेतावनी देना सही रहेगा, ताकि उन्हें पहले से ही इसमें भाग लेने के जोख़िम का अन्दाज़ा रहे। यदि दमन गम्भीर हो सकता है, तो घायल प्रतिरोधियों की चिकित्सा सहायता की तैयारी पहले से ही की जानी चाहिए।

दमन होकर रहेगा, यह मानकर चलते हुए, रणनीतिकार पहले से अच्छी तरह उन युद्ध-नीतियों, व्यूह-रचनाओं, दाँव-पेंचों और विधियों पर विचार करेंगे जो किसी अभियान या मुक्ति के विशिष्ट लक्ष्य को प्राप्त करने में योगदान देंगे, लेकिन साथ ही वे किसी प्रकार के क्रूर दमन की सम्भावना को कम-से-कम

करने की कोशिश भी करेंगे। उदाहरण के तौर पर, किसी चरम तानाशाही के ख़िलाफ़ सड़क प्रदर्शन और परेड, नाटकीय तो हो ही सकता है, लेकिन इसमें हज़ारों प्रदर्शनकारियों की मौत का जोख़िम भी जुड़ा होत है। प्रदर्शनकारियों द्वारा इतनी बड़ी क़ीमत चुकाने के बावजूद यदि तानाशाही पर अधिक दबाव नहीं पड़ता है तो इससे बेहतर होगा कि लोग घरों से बाहर आने से इनकार कर दें, या फिर हड़ताल की जाए, अन्यथा सिविल सेवक, प्रशासनिक कर्मचारी असहयोग की बड़ी कार्रवाई करें, इस तरह की कार्रवाइयों से तानाशाही पर कहीं अधिक दबाव पड़ेगा।

यदि यह प्रस्तावित किया जाता है कि भारी संख्या में हताहतों के जोख़िम से भरपूर, उकसानेवाली प्रतिरोध कार्रवाई, रणनीतिक उद्देश्यों को प्राप्त करने के लिए आवश्यक है, तो ऐसी स्थिति में बहुत सावधानीपूर्वक इसे विवेक के तराजू में तौलना होगा कि इसकी क्या क़ीमत चुकानी पड़ेगी और इसका क्या सम्भावित लाभ होगा। क्या जनसाधारण और तानाशाही के प्रतिरोधकर्ता, संघर्ष के दौरान, अनुशासित और अहिंसक तरीक़े के व्यवहार पर क़ायम रह पाएँगे? क्या वे तानाशाही द्वारा हिंसा को उकसानेवाली कार्रवाई के बावजूद अहिंसक और अनुशासित बने रहेंगे? योजनाकारों को इस विषय पर गहन विचार करना चाहिए कि ऐसे कौन से उपाय किए जा सकते हैं जिनसे अहिंसक अनुशासन को बनाए रखा जा सके, और क्रूरताओं के बावजूद प्रतिरोध को क़ायम रखा जा सके। क्या ऐसे उपाय जैसे शपथ लेना या प्रतिज्ञाएँ करना, नीति वक्तव्य, अनुशासन पत्रक, प्रदर्शनों के दौरान अनुशासन व अहिंसा बनाए रखने के लिए मार्शलों की नियुक्ति करना और हिंसा समर्थक व्यक्तियों और समूहों का बहिष्कार करना, सम्भव और प्रभावशाली रहेगा? संघर्ष के नेताओं को 'उत्तेजना के एजेंटों' के प्रति हमेशा सतर्क

रहना चाहिए और ऐसे लम्पट-गुंडों की मौजूदगी पर बाज़-दृष्टि रखनी चाहिए, जिनका मकसद प्रदर्शनकारियों को हिंसा की आग में कूदने के लिए उकसाना होता है। प्रदर्शनकारियों को तानाशाह की पुलिस से जूझने-टकराने की बजाय उन्हें गुलाब-फूल आदि देकर, नमस्कार-प्रणाम कहकर, हाथ मिलाकर, प्रेम-स्नेह-मान-सम्मान देना चाहिए क्योंकि पुलिस के सिपाही तो बेचारे तानाशाही के प्यादे मात्र हैं।

रणनीतिक योजना का दृढ़ता से पालन करना

एक बार जब एक उचित रणनीतिक योजना बन चुकी हो, उसके बाद लोकतांत्रिक ताक़तों को तानाशाहों की छोटी-मोटी चालों से विचलित नहीं होना चाहिए। कभी-कभी लोकतंत्रवादी ऐसी छोटी-मोटी चालों से विचलित होकर अपनी विराट रणनीति और विशेष अभियान की रणनीति से भटक जाते हैं, और महत्त्वहीन मुद्दों पर ध्यान केन्द्रित करके अपनी शक्ति और ऊर्जा के बड़े भाग का अपव्यय कर देते हैं। अक्सर जब हाथियों का क़ाफ़िला किसी गाँव से गुज़रता है, तो गाँव के कुत्ते उन पर भौंकते हैं। यदि हाथियों का झुंड, उन गाँव के कुत्तों के पीछे, गाँव की गलियों में दौड़ना शुरू कर दे, तो क़ाफ़िला कभी अपनी मंज़िल तक नहीं पहुँचेगा, गाँव की गलियों में ही उलझकर रह जाएगा। तानाशाही की क्रूरताओं की प्रतिक्रिया में, क्षणिक भावनाओं के आवेश में आकर भी, लोकतांत्रिक प्रतिरोध को अपनी विराट रणनीति या अभियान-रणनीति से भटकना नहीं है। क्रूरताओं का उपयोग तानाशाहों द्वारा इसी उद्देश्य से किया जाता है कि लोकतंत्रवादी शक्तियाँ भड़ककर, अपनी रणनीतियों और योजनाओं को दरकिनार करके, हिंसा का मार्ग अपना लें, ताकि तानाशाह उन्हें आसानी से पराजित कर दे।

जब तक मूल विश्लेषण सही है, लोकतंत्र समर्थक ताक़तों का काम है, क़दम-क़दम आगे बढ़ते, सीढ़ी-दर-सीढ़ी चढ़ते, लक्ष्य की ओर बढ़ना। जहाँ-जहाँ व्यूह-रचनाओं, युद्ध-नीतियों, दाँव-पेंचों और मध्यवर्ती उद्देश्यों में समय और परिस्थितियों अनुसार परिवर्तन करने होंगे, वे परिवर्तन किए जाएँगे, और प्रतिरोध के अनुभवी क़ाबिल नेता, अवसरों का पूरा लाभ उठाने के लिए, हमेशा तैयार और तत्पर रहेंगे। इस प्रकार के परिवर्तनों, संयोजनों को विराट रणनीति के लक्ष्यों और विशिष्ट अभियानों के लक्ष्यों से भ्रमित नहीं होना है। चुनी हुई विराट रणनीति और किसी अभियान विशेष की रणनीति का सावधानीपूर्वक कार्यान्वयन सफलता में महत्त्वपूर्ण योगदान देता है।

आठ

राजनीतिक अवज्ञा का कार्यान्वयन

शुरुआती दौर में जनता ख़ुद को शक्तिहीन व असहाय महसूस करती है, और भयभीत होती है। इसीलिए यह महत्त्वपूर्ण है कि जनता के लिए प्रारम्भिक कार्य कम जोख़िम और आत्मविश्वास बढ़ानेवाले हों। लक्ष्य है कि जनता के मन के डर को ख़त्म करके उन्हें उनकी शक्ति का अहसास कराया जाए। उन्हें यह भी अहसास दिलाना होगा कि वे अकेले नहीं हैं, उनके साथ अनेकों और लोग भी हैं, जो उन जैसी ही सोच रखते हैं। सार्वजनिक रूप से असहमति और असन्तोष दर्ज कराने के लिए, कुछ इस प्रकार के कृत्य करना, जैसे कपड़ों को असामान्य ढंग से पहनना या फिर किसी ख़ास रंग की क़मीज़ या टोपी पहनना। इस प्रकार से जनता को, असहमति और असन्तोष की महत्त्वपूर्ण कार्रवाई में शामिल होने का सुअवसर प्रदान करना। अन्य मामलों में एक अपेक्षाकृत मामूली (ऊपरी तौर पर मामूली तौर पर दिखानेवाला, वास्तव में नहीं) ग़ैर-राजनीतिक मुद्दा (जैसे पेयजल की आपूर्ति की सुरक्षा) समूह की कार्रवाई का केन्द्र हो सकता है। रणनीतिकारों को ऐसा मुद्दा चुनना चाहिए जिसे व्यापक रूप से जनता में, लोकहित और जनता की भलाई के लिए पहचाना जाए, साथ ही उस मुद्दे या माँग को तानाशाही

द्वारा अस्वीकार करना भी कठिन हो। ऐसे सीमित अभियानों में सफलता न केवल जनता को विशिष्ट शिकायतों और समस्याओं का समाधान करती है, बल्कि जनता में यह आत्मविश्वास भी जगाती है कि जनता वास्तव में शक्तिशाली है।

दीर्घकालिक संघर्ष की ज़्यादातर रणनीतियों का लक्ष्य यह नहीं होना चाहिए कि तानाशाही का तत्काल पूर्ण पतन हो जाए, बल्कि शुरुआती दौर में सीमित लक्ष्यों की प्राप्ति ही लक्ष्य होना चाहिए। मंज़िल पर सीढ़ी-दर-सीढ़ी चढ़कर पहुँचना सरल होता है, और इसमें सफलता की सम्भावना अधिक रहती है। एक ही छलाँग में मंज़िल को प्राप्त करने की रणनीति, आम तौर पर असफलता को ही निमंत्रण देती है। इसके साथ-साथ प्रत्येक अभियान में, आबादी के सभी वर्गों की भागीदारी हो, ऐसा भी ज़रूरी नहीं। भौगोलिक स्वरूप भी व्यापक होना आवश्यक नहीं।

विराट रणनीति का कार्यान्वयन करने के लिए, विशिष्ट अभियानों की एक शृंखला पर विचार-मनन करते वक़्त अवज्ञा-रणनीतिकारों को यह निर्धारित करने की आवश्यकता है कि कैसे अभियान की शुरुआत, उसका मध्य और दीर्घकालीन संघर्ष के समापन का दौर, एक-दूसरे से अलग और भिन्न होगा।

चयनात्मक प्रतिरोध

संघर्ष के प्रारम्भिक चरणों में, अलग-अलग अभियान भिन्न-भिन्न लक्ष्यों के साथ बहुत उपयोगी सिद्ध हो सकते हैं। ऐसे चुनिन्दा अभियान, एक के बाद एक का अनुसरण कर सकते हैं। कभी-कभी दो या तीन अभियान भी एक साथ चलाने पड़ सकते हैं, यदि परिस्थितियों की ऐसी माँग हो तो।

'चयनात्मक प्रतिरोध' (Selective Resistance) की रणनीति बनाते वक़्त ऐसे विशिष्ट सीमित मुद्दों या शिकायतों की पहचान

करना आवश्यक है, जो तानाशाही के उत्पीड़न के प्रतीक हों। ऐसे मुद्दे, समग्र विराट रणनीति के भीतर, संघर्ष के मध्यकालीन रणनीतिक उद्देश्यों को हासिल करने के अभियानों के लिए उपयुक्त लक्ष्य हो सकते हैं।

लोकतांत्रिक ताक़तों की वर्तमान शक्ति के अनुसार, और जनता में जैसी शक्ति दिखाई और प्रचारित की गई है, उसके अनुसार, ये लक्ष्य हासिल करने योग्य होने चाहिए। साध्य होने चाहिए। उन लक्ष्यों को प्राप्त करने में ऊर्जा, शक्ति, समय बर्बाद नहीं करना चाहिए, जो हासिल नहीं हो सकते। असाध्य, अप्राप्य लक्ष्यों से जनसाधारण में निराशा और कुंठा बढ़ेगी, उनका मनोबल गिरेगा। साध्य लक्ष्य, प्राप्य लक्ष्य जीत का एक सिलसिला सुनिश्चित करने में मदद करते हैं। यह न केवल मनोबल बढ़ाने के लिए अच्छा है, बल्कि उसके साथ-साथ, यह दीर्घकालीन संघर्ष में, तानाशाही और लोकतंत्रवादियों के बीच के शक्ति समीकरण को लोकतंत्रवादियों के पक्ष में करने में भी योगदान करता है।

चयनात्मक प्रतिरोध रणनीतियों को मुख्य रूप से विशिष्ट सामाजिक, आर्थिक या राजनीतिक मुद्दों पर ध्यान केन्द्रित करना चाहिए। इनको इस प्रकार से चुनना चाहिए ताकि—

(क) सामाजिक और राजनीतिक व्यवस्था का कुछ हिस्सा, तानाशाही के नियंत्रण से बाहर ही रहे।

(ख) वर्तमान में तानाशाही द्वारा नियंत्रित कुछ भाग को पुनः जनता द्वारा प्राप्त करने के लिए।

(ग) या फिर तानाशाही को किसी लक्ष्य से वंचित रखने के लिए।

यदि सम्भव हो तो, चयनात्मक प्रतिरोध के अभियान को, तानाशाही की किसी एक या एक से अधिक कमज़ोरियों पर

प्रहार भी करना चाहिए। इस विषय की चर्चा पहले ही विस्तार से हो चुकी है। इस प्रकार लोकतंत्रवादी अपनी शक्ति के अनुसार अधिकतम सम्भव आघात, संघात और प्रभाव डाल सकते हैं।

शुरुआती दौर में ही रणनीतिकारों को पहले अभियान की रणनीति बनानी होगी। अभियान के सीमित उद्देश्य क्या-क्या और कौन-कौन से हैं? यह निर्धारित की गई 'विराट रणनीति' को परिपूर्ण करने में किस प्रकार से मदद करेंगे? यदि यह सम्भव हो तो, दूसरे और सम्भवतः तीसरे अभियान की रणनीति की रूपरेखा तैयार करना बुद्धिमानी है। ऐसी सभी रणनीतियों को कार्यान्वित करने का मक़सद, निर्धारित 'विराट रणनीति' के कार्यान्वयन और लक्ष्यों को प्राप्त करना होगा। यह कार्यान्वयन निर्धारित 'विराट रणनीति' और उसके सामान्य दिशा-निर्देशों के भीतर और उनके अनुसार होगा।

प्रतीकात्मक चुनौती

तानाशाही को कमज़ोर और खोखला करने के किसी नए अभियान के शुरुआती दौर में, प्रारम्भिक विशिष्ट राजनीतिक कार्रवाइयों का कार्यक्षेत्र या गुंजाइश सीमित हो सकती है। इनका ताना-बाना कुछ इस प्रकार बुनना चाहिए ताकि जनता की मनोदशा को परखा और प्रभावित किया जा सके। जनता को असहयोग और राजनीतिक अवज्ञा के दीर्घकालीन संघर्ष के लिए मानसिक रूप से प्रशिक्षित और तैयार करने की आवश्यकता होती है।

प्रारम्भिक कार्रवाई प्रतीकात्मक विरोध प्रदर्शन के रूप में हो सकती है, या यह सीमित या अस्थायी असहयोग का कोई प्रतीकात्मक कार्य हो सकता है। यदि कार्य करने के इच्छुक व्यक्तियों की संख्या कम है, तो शुरुआती कृत्य उदाहरण के तौर पर किसी प्रतीकात्मक महत्त्व के स्थान पर, जैसे शहीद स्थल, या

किसी महापुरुष की मूर्ति पर, किसी सुविधाजनक दिन के किसी सुविधाजनक समय पर, अल्प काल के लिए इकट्ठा होना, वहाँ पुष्प अर्पण करना, मोमबत्तियाँ जलाना, बाँह पर काली पट्टी बाँधना आदि कृत्यों द्वारा किया जा सकता है। दूसरी ओर, यदि लोगों की एक बड़ी संख्या कार्रवाई में भाग लेने की इच्छुक है, तो पाँच मिनट के लिए शहर की सभी गतिविधियों को रोक देना (चिकित्सा-सेवा, अग्नि-शमन जैसी आवश्यक सेवाओं को छोड़कर), अर्थात् एक अंशकालीन बन्द और चक्का-जाम किया जा सकता है। इसके अलावा कुछ समय का मौन किया जा सकता है। अन्य स्थितियों में, कुछ लोग अनशन, भूख-हड़ताल कर सकते हैं, किसी प्रतीकात्मक महत्त्व के स्थान पर विरोध-प्रदर्शन या जुलूस निकाल सकते हैं; रतजगा, रात-भर की प्रार्थना या जागरण कर सकते हैं; छात्र कक्षाओं का एक संक्षिप्त समय के लिए बहिष्कार कर सकते हैं; या किसी महत्त्वपूर्ण कार्यालय में संक्षिप्त समय के लिए अस्थायी धरना दे सकते हैं। किसी तानाशाही सरकार के तहत, ऐसे अधिक उग्र, आक्रामक कार्रवाई के कठोर दमन की सम्भावना बहुत ज़्यादा होती है।

कुछ प्रतीकात्मक कार्रवाइयाँ जैसे तानाशाह के महल या पुलिस मुख्यालय के सामने ज़बरदस्ती क़ब्ज़ा करके बैठ जाना, बहुत जोख़िम-भरी होती हैं। इन्हीं कारणों से ऐसी कार्रवाइयाँ अभियान के शुरू में ये उचित नहीं मानी जातीं।

प्रारम्भिक प्रतीकात्मक विरोध की कार्रवाई कई बार बड़े पैमाने पर राष्ट्रीय और अन्तर्राष्ट्रीय ध्यान आकर्षित करती है—जैसे 1988 में बर्मा में सामूहिक सड़क प्रदर्शन, या फिर 1989 में बीजिंग में तियानानमेन चौक पर छात्रों का क़ब्ज़ा और भूख हड़ताल। इन दोनों ही मामलों में, प्रदर्शनकारियों की एक बड़ी संख्या का हताहत होना, सबक सिखाता है कि रणनीतिकारों को अपनी रणनीति बनाते वक़्त बहुत ही एहतियात और सावधानी से

काम लेना चाहिए। हालाँकि इन कार्रवाइयों का एक ज़बरदस्त नैतिक और मनोवैज्ञानिक प्रभाव, संघात और आघात पड़ा, लेकिन इस प्रकार की कार्रवाइयों से तानाशाही को नष्ट और ध्वस्त नहीं किया जा सकता, क्योंकि ऐसी कार्रवाइयाँ केवल प्रतीकात्मक ही रह जाती हैं, और वे तानाशाही और लोकतंत्रवादियों के बीच के शक्ति-समीकरणों में कोई बदलाव नहीं ला पातीं।

संघर्ष की शुरुआत में, आम तौर पर तानाशाही के सत्ता-शक्ति के स्रोतों को पूरी तरह से, और तेज़ी से काटना सम्भव नहीं हो पाता। उसके लिए ज़रूरी है कि लगभग पूरी आबादी, और समाज के लगभग सभी संस्थान—जो पहले मौटे तौर पर अधीन, दब्बू और आज्ञाकारी रहे हों—अचानक बड़े पैमाने पर, और मज़बूत असहयोग के द्वारा, पूरी तरह से तानाशाही शासन को रद्द और अस्वीकार कर दें। ऐसा संघर्ष के शुरुआती दौर में नहीं हो पाता, और ऐसा कर पाना बहुत ही मुश्किल भी है। ज़्यादातर मामलों में इसलिए, पूर्ण असहयोग और राजनीतिक अवज्ञा का त्वरित अभियान, तानाशाही के विरोध के शुरुआती अभियानों में एक अव्यावहारिक और बेवकूफ़ी से भरी रणनीति है।

ज़िम्मेदारियों का प्रसार व फैलाव

किसी चयनात्मक प्रतिरोध अभियान के दौरान संघर्ष का आघात व प्रहार, आबादी के एक या अधिक भाग द्वारा वहन किया जाता और झेला जाता है। बाद के अभियानों में, जिनके अलग उद्देश्य होंगे, संघर्ष के बोझ को, आबादी के अन्य समूहों पर स्थानान्तरित कर दिया जाएगा। उदाहरण के लिए, छात्र किस शैक्षणिक मुद्दे पर हड़ताल कर सकते हैं; धार्मिक नेता, धर्मावलम्बी और आस्तिक लोग धार्मिक स्वतंत्रता के मुद्दे पर ध्यान केन्द्रित कर सकते हैं, रेलकर्मी पूरे ध्यान से सुरक्षा नियमों का पालन करते हुए, रेल

परिवहन प्रणाली को धीमा कर सकते हैं; पत्रकार सेंसरशिप को चुनौती दे सकते हैं, वे रिक्त स्थान वाले समाचार-पत्र प्रकाशित कर सकते हैं, जहाँ निषिद्ध लेख होने चाहिए थे; लोकतांत्रिक विपक्ष का पता लगाने और गिरफ़्तार करने में पुलिस बार-बार (जानबूझकर) 'विफल' हो सकती है। मुद्दों और आबादी के समूहों द्वारा, चरणबद्ध प्रतिरोध अभियान, आबादी के कुछ हिस्सों को आराम और सुस्ताने का मौक़ा देगा, जबकि अभियान कहीं न कहीं, आबादी के दूसरे भागों में लगातार, सतत और प्रचंड रूप से चलता रहेगा। स्वतंत्र सामाजिक, आर्थिक और राजनीतिक समूहों और संस्थानों (जो तानाशाही के नियंत्रण से बाहर हैं), के अस्तित्व और स्वायत्तता की रक्षा के लिए, चयनात्मक प्रतिरोध विशेष रूप से महत्त्वपूर्ण है। इसकी चर्चा संक्षेप में पहले भी की जा चुकी है। ये शक्ति के केन्द्र वह संस्थागत आधार प्रदान करते हैं, जिनके द्वारा जनता तानाशाही नियंत्रणों का विरोध कर सकती है, या फिर तानाशाही पर दबाव बना सकती है। लोकतंत्र के लिए संघर्ष में, उपरोक्त सामाजिक, आर्थिक व राजनीतिक समूह व संस्थान को नष्ट करना किसी भी तानाशाही का अक्सर प्रथम लक्ष्य होता है।

तानाशाही सत्ता-शक्ति पर निशाना साधना

जैसे-जैसे दीर्घकालीन संघर्ष, प्रारम्भिक रणनीतियों से परे और अधिक महत्त्वाकांक्षी तथा उन्नत चरणों में विकसित होता है, रणनीतिकारों के लिए आकलन करना आवश्यक होगा कि तानाशाहों की सत्ता-शक्ति के विभिन्न स्रोतों को कैसे और अधिक प्रतिबन्धित किया जाए? लक्ष्य यह रहेगा कि लोकप्रिय असहयोग का सदुपयोग करते हुए लोकतांत्रिक ताक़तों के लिए एक नई तथा अधिक लाभप्रद रणनीतिक स्थिति का निर्माण किया जाए।

जैसे-जैसे लोकतांत्रिक प्रतिरोध-ताक़तों को और अधिक मज़बूती प्राप्त होगी, रणनीतिकार और अधिक महत्त्वाकांक्षी 'असहयोग और अवज्ञा' की रणनीति बनाएँगे, ताकि तानाशाही की सत्ता-शक्ति के स्रोतों को पूर्ण रूप से काटा जा सके, इस उद्देश्य के साथ कि तानाशाही का राजनीतिक पक्षाघात (Political Paralysis) लगातार बढ़ता चला जाए और अन्ततः तानाशाही लुंज-पुंज, छिन्न-भिन्न होकर पूर्णतः विघटित हो जाए।

लोकतांत्रिक ताक़तों को ध्यानपूर्वक यह योजना बनानी होगी कि कैसे अतीत में, लोगों और समूहों द्वारा तानाशाही को दिए जा रहे समर्थन को कमज़ोर किया जाए? तानाशाही द्वारा की जा रही क्रूरताओं के खुलासे से, जनता द्वारा तानाशाही को दिया जा रहा समर्थन क्या कमज़ोर होगा? या फिर यह काम तानाशाहों की नीतियों के विनाशकारी आर्थिक परिणामों के खुलासे से होगा? या फिर इस समझ और अहसास से जन-समर्थन कमज़ोर होगा कि तानाशाही का अन्त एक़दम निकट, सम्भव और अवश्यम्भावी है, बहुत जल्द होकर रहेगा। तानाशाहों के समर्थकों को कम-से-कम तटस्थ बनने के लिए भी प्रेरित किया जा सकता है, और यदि ऐसा सम्भव हो सके तो उन्हें लोकतांत्रिक आन्दोलन का सक्रिय सदस्य ही बना दिया जाए।

राजनीतिक अवज्ञा और असहयोग की योजना बनाने और उसके कार्यान्वयन के दौरान यह अति महत्त्वपूर्ण है कि तानाशाह के मुख्य समर्थकों और सहयोगियों (उसके आन्तरिक गुट सहित), राजनीतिक दल, पुलिस, नौकरशाह और ख़ास तौर पर सेना पर कड़ी निगरानी रखी जाए।

तानाशाही के प्रति सैन्य बलों में (सैनिक और अधिकारी दोनों स्तरों पर) वफ़ादारी और निष्ठा का स्तर किस सीमा तक है, इसका मूल्यांकन लगातार और सावधानीपूर्वक करने की आवश्यकता है। यह निर्धारण करना चाहिए कि क्या सेना

लोकतांत्रिक ताक़तों के प्रभाव में आने के लिए तैयार है? सेना में बहुत सारे ऐसे सिपाही मौजूद हो सकते हैं जो असन्तुष्ट और दुखी हों। बहुत से सिपाही ऐसे भी हो सकते हैं, जिन्हें उनकी मर्ज़ी के बग़ैर ज़बरदस्ती भर्ती किया गया हो। कुछ सिपाही ऐसे भी हो सकते हैं, जो भयभीत, डरे हुए हों। बहुत से सिपाही और अधिकारी व्यक्तिगत, पारिवारिक और राजनीतिक कारणों से तानाशाही शासन से अलगाव या नफ़रत महसूस कर सकते हैं। महत्त्वपूर्ण प्रश्न यह है कि ऐसे कौन से अन्य कारक हो सकते हैं जो लोकतांत्रिक ध्वंस के लिए सिपाहियों और अधिकारियों को सुभेद्य बना सकते हैं?

मुक्ति-संग्राम के आरम्भ में ही तानाशाहों की सेना के अधिकारियों और सिपाहियों के साथ संवाद स्थापित करने के लिए एक विशेष रणनीति विकसित करनी चाहिए। शब्दों, प्रतीकों और कार्रवाइयों द्वारा, लोकतांत्रिक ताक़तें सिपाहियों तक यह सन्देश पहुँचा सकती हैं कि निकट भविष्य में होनेवाला मुक्ति-संघर्ष बहुत ही भीषण, ज़ोरदार, दृढ़ संकल्प से भरपूर तथा निरन्तर, अविरल और बिना रुके लगातार चलेगा। सिपाहियों को यह समझ आ जाना चाहिए कि संघर्ष का एक विशेष चरित्र होगा जिसे तानाशाही की बुनियाद को खोखला और कमज़ोर करने के लिए बनाया गया है, लेकिन साथ ही इस संघर्ष के द्वारा सिपाहियों को जान जाने का कोई ख़तरा नहीं है। इस तरह के प्रयासों का लक्ष्य तानाशाहों के सिपाहियों का मनोबल तोड़ना होता है, ताकि आगे चलकर उनकी वफ़ादारी और आज्ञाकारिता, लोकतांत्रिक अभियान के पक्ष में हो जाए। इसी प्रकार की रणनीतियाँ पुलिस और सिविल सेवकों अर्थात् नौकरशाहों को लक्षित करते हुए भी बनाई जा सकती हैं।

तानाशाहों के सैन्य बलों में सहानुभूति बटोरने और अवज्ञा प्रेरित करने की कदापि यह व्याख्या नहीं करनी चाहिए कि सैन्य

बलों को, सैन्य कार्रवाई के माध्यम से, वर्तमान तानाशाही का, जल्द अन्त करने के लिए प्रोत्साहित किया जा रहा है। ऐसी किसी कार्रवाई से एक कार्यशील लोकतांत्रिक शासन की स्थापना करना सम्भव नहीं हो पाता। जैसी कि पहले भी चर्चा की जा चुकी है कि यकायक तख़्तापलट, जनता और शासकों के बीच के शक्ति-सम्बन्ध के असन्तुलन का समाधान नहीं कर पाता। इसीलिए यह योजना बनाना आवश्यक है कि कैसे सहानुभूति रखनेवाले सैन्य अधिकारियों को यह समझाया जाए कि तानाशाही के विरुद्ध न तो सैन्य तख़्तापलट और न ही गृह-युद्ध आवश्यक या वांछनीय है।

सहानुभूति रखनेवाले अधिकारी लोकतांत्रिक संघर्ष में एक अहम भूमिका निभा सकते हैं, जैसे कि सैन्य-बलों में असन्तोष और असहयोग की भावना को भड़काना, जानबूझकर काम में कोताही बरतना या काम को अक्षमता से आधा-अधूरा व त्रुटिपूर्ण करना, ऊपर से आए आदेशों की अवहेलना करना, दमन व उत्पीड़न के आदेशों की अवहेलना करना, आदि। सैन्य-कर्मी विभिन्न सकारात्मक तरीक़ों द्वारा, लोकतांत्रिक आन्दोलन को अहिंसक सहायता प्रदान कर सकते हैं, जैसे—लोकतांत्रिक आन्दोलनकारियों को आने-जाने या भागने के लिए सुरक्षित मार्ग प्रदान करना, सूचनाएँ देना, भोजन और खाद्य-पदार्थ मुहैया कराना, चिकित्सा-आपूर्ति और इसी प्रकार की अन्य सहायताएँ।

सेना तानाशाहों की शक्ति के सबसे महत्त्वपूर्ण स्रोतों में से एक है, क्योंकि तानाशाह अनुशासित सैन्य इकाइयों और हथियारों का इस्तेमाल, अवज्ञाकारी जनता पर सीधे हमला करने और उन्हें दंडित करने के लिए कर सकता है। अवज्ञा आन्दोलन के रणनीतिकारों को हमेशा याद रखना चाहिए कि तानाशाही को विघटित करना असाधारण रूप से कठिन या नामुमकिन होगा यदि पुलिस, नौकरशाह और सैन्य-बल—तानाशाही को पूर्ण

समर्थन देते रहें और तानाशाही के आदेशों का पूरी आज्ञाकारिता से पालन करते रहें। इसीलिए ऐसी रणनीतियों को लोकतांत्रिक रणनीतिकारों द्वारा तवज्जो देनी चाहिए जो तानाशाहों के सशस्त्र-बलों की निष्ठा और वफ़ादारी को नष्ट कर सके।

लोकतांत्रिक ताक़तों को हमेशा याद रखना चाहिए कि सैन्य-बलों और पुलिस जैसे समूहों में असन्तोष और अवज्ञा इन समूहों के लिए अत्यधिक ख़तरनाक हो सकती है। पुलिस और सिपाहियों को अवज्ञा के लिए कठोरतम दंड दिया जाता है और बग़ावत करने पर प्राण-दंड की सज़ा दी जाती है। लोकतांत्रिक ताक़तों को भूलकर भी कभी सिपाहियों और अधिकारियों को तत्काल बग़ावत के लिए नहीं कहना चाहिए। इसके बजाय, जहाँ भी संचार सम्भव है, यह स्पष्ट किया जाना चाहिए कि 'प्रच्छन्न अवज्ञा' (Disguised Disobedience) के अनेकों सुरक्षित रूप हैं, जिन्हें वे शुरुआती दौर में अपना सकते हैं। 'प्रच्छन्न अवज्ञा' यानी अवज्ञा का भेष बदलना, जो ऊपरी तौर पर अवज्ञा न लगे, लेकिन काम अवज्ञा वाला ही करे। उदाहरण के लिए, पुलिस और सिपाही दमन के लिए दिए गए आदेशों का अक्षमता से पालन करें, वांछित व्यक्तियों का पता लगाने में जानबूझकर विफल हो जाएँ, प्रतिरोधियों को आगाह कर दें और चेतावनी दे दें कि अब दमन होनेवाला है, या गिरफ़्तारियाँ या देश-निकाला होनेवाला है और अपने वरिष्ठ अधिकारियों को महत्त्वपूर्ण सूचना पहुँचाने में विफल रहें (जानबूझकर)। असन्तुष्ट अधिकारी दमन के आदेशों को, अपने नीचे के अधिकारियों को देने में उपेक्षा या कोताही भी बरत सकते हैं। इससे दमन और उत्पीड़न का आदेश, आदेश-शृंखला द्वारा नीचे के सिपाहियों तक पहुँचेगा ही नहीं। सिपाही प्रदर्शनकारियों के सर से दो फुट ऊपर निशाना बनाकर गोली चला सकते हैं, ताकि कोई प्रदर्शनकारी हताहत न हो। इसी तरह से, सिविल सेवक नौकरशाह, फ़ाइलों

को जानबूझकर खो सकते हैं, ऊपर से आए निर्देशों या सर्कुलर को खो सकते हैं, जानबूझकर अक्षम तरीक़े से काम कर सकते हैं, या जब कोई ज़रूरी प्रशासनिक कार्य करना हो तब अचानक बीमार हो सकते हैं, ताकि उन्हें घर पर रहना पड़े, जब तक वे ठीक नहीं हो जाते।

रणनीति को बदलना या इधर-उधर खिसकाना

राजनीतिक अवज्ञा का निरन्तर आकलन करने की रणनीतिकारों को आवश्यकता होगी कि कैसे विराट रणनीति और विशिष्ट अभियान रणनीतियों का कार्यान्वयन हो रहा है। यह भी सम्भव है कि संघर्ष उम्मीद के नुताबिक़ बढ़िया न चल पा रहा हो। ऐसे मामलों में यह विचार करना होगा कि रणनीति में किस प्रकार के परिवर्तन की ज़रूरत है। आन्दोलन की ताक़त बढ़ाने और पहल पुनः हासिल करने के लिए क्या किया जा सकता है? इस प्रकार की परिस्थितियों में समस्या की पहचान करना अति आवश्यक है, उसके बाद रणनीतिक पुनर्मूल्यांकन करना, यदि सम्भव हो तो संघर्ष की ज़िम्मेदारियों को आबादी के किसी अन्य समूह को सौंपना, शक्ति के अतिरिक्त स्रोतों को जुटाना, और कार्रवाई के वैकल्पिक मार्ग को विकसित करना। जब यह सब हो जाए, तो तत्काल नई योजना को लागू कर देना चाहिए।

इसके विपरीत, संघर्ष यदि उम्मीद से बेहतर चल रहा है और तानाशाही शुरू में लगाए गए अन्दाज़े से भी पहले ढह रही है, तब लोकतांत्रिक ताक़तें, इस अप्रत्याशित लाभ को कैसे भुना सकती हैं और तानाशाही को पंगु बनाने की ओर कैसे बढ़ सकती हैं, हम इस प्रश्न का विवेचन अगले अध्याय में करेंगे।

नौ

तानाशाही का विघटन करना

एक अच्छी प्रकार से संचालित, सुव्यवस्थित और सफल राजनीतिक अवज्ञा अभियान का संचयी प्रभाव यह होता है कि प्रतिरोध और अधिक मज़बूत होता चला जाता है, तथा समाज के ऐसे क्षेत्रों की स्थापना और विस्तार होता है, जहाँ तानाशाही का प्रभावी नियंत्रण सीमित होकर रह जाता है। ये अभियान—कैसे सहयोग व सहकारिता से इनकार किया जाए, कैसे राजनीतिक अवज्ञा का इस्तेमाल किया जाए—इन विषयों का भी महत्त्वपूर्ण अनुभव प्रदान करते हैं। यह महत्त्वपूर्ण अनुभव आगे चलकर तानाशाही को नेस्तनाबूद करने में बहुत सहायक होंगे, जब बड़े पैमाने पर पूरे देश में, असहयोग और अवज्ञा का आन्दोलन खड़ा किया जाएगा।

जैसा कि अध्याय तीन में चर्चा की गई थी, जनता द्वारा—(1) आज्ञाकारिता, (2) सहयोग और (3) अधीनता स्वीकार करना, तानाशाही को ताक़तवर बनाए रखने के लिए परम आवश्यक है। ये तीन कारक राजनीतिक शक्ति के मुख्य स्त्रोत हैं। राजनीतिक शक्ति के स्त्रोतों से जुड़कर तानाशाही को ज़िन्दा रहने की प्राणदायक शक्ति प्राप्त होती है। ये तीन कारक तानाशाही की जड़ें हैं। जैसे किसी वृक्ष की जड़ें होती हैं, जिन

जड़ों से वृक्ष को प्राणदायक जल और पोषक तत्त्व प्राप्त होते हैं, जड़ों को यदि काट दिया जाए तो वृक्ष की मृत्यु निश्चित है। उसी प्रकार से तानाशाही को शक्तिशाली बनाए रखने के लिए, तानाशाही को लगातार पोषित करने के लिए, राजनीतिक शक्ति-स्रोत होते हैं। राजनीतिक शक्ति के स्रोतों तक पहुँच के बिना, तानाशाही की शक्ति क्षीण होती चली जाती है और एक दिन वह राजनीतिक शक्ति पूरी तरह से समाप्त हो जाती है। इसीलिए जनता द्वारा किए जानेवाले—(1) आज्ञाकारिता, (2) सहयोग और (3) अधीनता स्वीकार करना, इन तीन कारकों का गला घोंटना, तानाशाही व्यवस्था को विघटित करने के लिए प्रमुख आवश्यक कार्रवाई है। राजनीतिक अवज्ञा द्वारा राजनीतिक शक्ति के स्रोतों को कैसे प्रभावित किया जा सकता है, इस विषय की समीक्षा और पुनरावलोकन एक बार फिर से करना उपयोगी रहेगा।

नैतिक और राजनीतिक प्राधिकार (Moral & Political Authority)

प्रतीकात्मक परित्याग व तिरस्कार और अवज्ञा—किसी भी शासन के नैतिक और राजनीतिक प्राधिकार की जड़ों में मट्ठा डालकर उसे कमज़ोर और खोखला करने के उपलब्ध साधन हैं। इन साधनों से शासन की वैधता (Legitimacy) को समाप्त किया जा सकता है। किसी भी शासन का अधिकार-प्राधिकार, जितना अधिक होगा, उतना ही बड़ा, अधिक और विश्वसनीय जनता द्वारा शासन को आज्ञाकारिता और सहयोग प्राप्त होगा। नैतिक अस्वीकृति और तिरस्कार को कार्रवाई द्वारा व्यक्त करने की आवश्यकता है, चुनौती देने की आवश्यकता है, ताकि तानाशाही के अस्तित्व को गम्भीर ख़तरा पैदा हो।

जनता द्वारा सहयोग और आज्ञाकारिता को वापस अपने पास ले लेना ज़रूरी है, ताकि शासन के अन्य शक्ति-स्रोतों को रोका और काटा जा सके।

मानव संसाधन (Human Resources)

सत्ता-शक्ति का दूसरा महत्त्वपूर्ण स्रोत मानव संसाधन है। महत्त्वपूर्ण प्रश्न यह है कि कितनी संख्या में, और कितने महत्त्व के व्यक्ति और समूह शासकों के साथ सहयोग या सहायता करते हैं? उसी अनुपात में शासकों की ताक़त घटती या बढ़ती है। यदि आबादी के बड़े हिस्से द्वारा असहयोग की नीति अपना ली जाती है, तो तानाशाही शासन गम्भीर संकट में फँस जाता है। उदाहरण के तौर पर यदि सिविल सेवक नौकरशाह, अपनी सामान्य दक्षता से काम नहीं करते हैं, या फिर घर पर पड़े रहते हैं, कोई न कोई बहाना मारकर ऑफिस नहीं जाते हैं, तो प्रशासनिक तंत्र गम्भीर रूप से प्रभावित और कमज़ोर हो जाता है।

विशेष कौशल और ज्ञान (Specialized Skills & Knowledge)

इसी तरह से, यदि असहयोग करनेवाले व्यक्तियों और समूहों में वे भी शामिल हो जाते हैं जो अतीत में तानाशाही को विशेष कौशल और ज्ञान की आपूर्ति करते थे, तब ऐसे हालात में तानाशाही अपनी इच्छाओं और आदेशों को लागू करवाने में गम्भीर रूप से कमज़ोर पड़ जाएगी। यहाँ तक कि सूचनाओं पर आधारित उनके सूझ-बूझ वाले निर्णय लेने और प्रभावशाली नीतियाँ बनाने की उनकी क्षमता भी बुरी तरह से प्रभावित हो जाएगी।

अमूर्त कारक (Intangible Factors)

यदि मनोवैज्ञानिक और वैचारिक प्रभाव—जिन्हें अमूर्त कारक कहा जाता है—जो आम तौर पर लोगों को शासकों की बात मानने और उनकी मदद करने के लिए मनोवैज्ञानिक तौर पर प्रेरित करते हैं; कमज़ोर या उलट-पलट हो जाएँ; तब उन हालात में जनता में अवज्ञा और असहयोग की प्रवृत्ति बढ़ जाएगी।

भौतिक संसाधन (Material Resources)

तानाशाही की भौतिक संसाधनों तक पहुँच भी उनकी ताक़त को सीधे तौर पर प्रभावित करती है। यदि वित्तीय संसाधनों, आर्थिक प्रणाली, सम्पत्ति, प्राकृतिक संसाधन, परिवहन और संचार के साधनों का नियंत्रण, शासन के वास्तविक या सम्भावित विरोधियों के हाथों में आ जाए; तो तानाशाही की शक्ति का एक और प्रमुख स्रोत तानाशाही के हाथों से फिसल जाएगा। हड़तालें, बहिष्कार और अर्थव्यवस्था, संचार व परिवहन में बढ़ती स्वायत्तता—तानाशाह के शासन को कमज़ोर करेंगे।

प्रतिबन्ध (Sanctions)

जैसे कि पहले भी चर्चा हो चुकी है, तानाशाही की प्रतिबन्ध लागू करने या लागू करने की धमकी देने की क्षमता—आबादी के अशान्त, हठी, अवज्ञाकारी और असहयोगी हिस्से के विरुद्ध—तानाशाही की शक्ति का एक केन्द्रीय स्रोत है। शक्ति के इस स्रोत को दो तरीक़ों से कमज़ोर किया जा सकता है।

पहला, यदि जनता तैयार है (जैसा कि युद्ध के समय), अवज्ञा की क़ीमत के रूप में गम्भीर परिणाम भुगतने का जोख़िम उठाने

के लिए; ऐसी परिस्थिति में, उपलब्ध प्रतिबन्धों की प्रभावशीलता काफ़ी कम हो जाएगी, अर्थात् तानाशाही का दमन जनता में वांछित आज्ञापालन और अधीनता स्वीकार नहीं करा पाएगा।

दूसरा, यदि पुलिस और सैन्य बल, ख़ुद ही असन्तुष्ट हो जाते हैं तो वे व्यक्तिगत या सामूहिक तौर पर गिरफ़्तारी करने के, मारने-पीटने के, या प्रतिरोधियों को गोली मारने के आदेशों की प्रत्यक्ष व सीधे तौर पर अवज्ञा कर सकते हैं। यदि तानाशाही को यह भरोसा नहीं रहता कि वे अपने आदेशों से, पुलिस और सैन्य बलों द्वारा उत्पीड़न करवा पाएँगे; तो यह स्थिति तानाशाही के अस्तित्व को ही गम्भीर ख़तरे में फँसा और उलझा देती है।

संक्षेप में, एक मोर्चाबन्द तानाशाही के ख़िलाफ़ सफलता के लिए यह आवश्यक है कि असहयोग और अवज्ञा द्वारा तानाशाही शासन के शक्ति-स्रोतों को लगातार घटाते, काटते, कम करते हुए अन्ततः पूरी तरह से नष्ट, नेस्तनाबूद और ध्वस्त कर दिया जाए। जीवनदायक, आवश्यक सत्ता के शक्ति-स्रोतों की निरन्तर पुनः-पूर्ति के बिना, तानाशाही लगातार कमज़ोर होती चली जाती है और अन्ततः विघटित हो जाती है। ठीक उसी प्रकार जैसे किसी वृक्ष की जड़ें काट दी जाएँ, तो वह वृक्ष लगातार सूखता चला जाता है और अन्ततः सूखकर गिर जाता है। तानाशाही के विरुद्ध राजनीतिक अवज्ञा की एक सक्षम योजना बनाने में इसलिए सत्ता के सबसे महत्त्वपूर्ण शक्ति-स्रोतों को निशाना बनाने की परम आवश्यकता रहती है।

स्वतंत्रता का वर्धन और फैलाव

तानाशाही के विरुद्ध संघर्ष में, चयनात्मक प्रतिरोध चरण के दौरान, राजनीतिक अवज्ञा से जुड़कर स्वायत्त सामाजिक, आर्थिक, सांस्कृतिक और राजनीतिक संस्थानों की वृद्धि, प्रगतिशील रूप में

'समाज के लोकतांत्रिक स्थान' का प्रसार, विस्तार और फैलाव करती है; और 'तानाशाही के नियंत्रित स्थान' को सिकोड़ती है। जैसे-जैसे समाज की नागरिक संस्थाएँ, तानाशाही के मुक़ाबले में और ज़्यादा मज़बूत होती हैं तब, तानाशाही चाहे कुछ भी चाहे, जनता तानाशाही के नियंत्रण के बाहर, एक-एक ईंट जोड़कर, एक स्वतंत्र लोकतांत्रिक समाज का निर्माण कर रही होती है। यदि और जब, तानाशाही इस 'बढ़ती हुई स्वतंत्रता' को रोकने के लिए हस्तक्षेप करती है, तब अहिंसक संघर्ष का प्रयोग नए-नवेले जीते हुए 'लोकतांत्रिक स्थान' की सुरक्षा के लिए किया जा सकता है और तानाशाही के सामने एक संघर्ष का नया मोर्चा खुल जाता है।

कुछ ही समय में, प्रतिरोध और संस्थान निर्माण का यह संयोजन, वास्तविक और व्यावहारिक तौर पर स्वतंत्रता का निर्माण करता है और तब तानाशाही का पतन और लोकतांत्रिक प्रणाली की औपचारिक स्थापना को रोका नहीं जा सकता क्योंकि समाज में शक्ति-सम्बन्ध मौलिक रूप से बदल चुके होते हैं।

1970 और 1980 के बीच का दशक, इस प्रक्रिया का स्पष्ट उदाहरण पेश करता है कि प्रतिरोध द्वारा किसी समाज के कार्यों और संस्थानों की, प्रगतिशील पुनः-प्राप्ति कैसे की जाती है। पोलैंड में कैथोलिक चर्च को सताया ज़रूर गया था लेकिन फिर भी उसे पूर्ण रूप से कम्यूनिस्ट नियंत्रण में कभी न लाया जा सका। 1976 में कुछ बुद्धिजीवी और श्रमिकों ने अपने राजनीतिक विचारों को आगे बढ़ाने के लिए छोटे समूहों जैसे के.ओ.आर. (K.O.R.) अर्थात् 'श्रमिक रक्षा समिति' का गठन किया। यह संगठन ख़ास तौर पर 1976 के तानाशाही के दमन और उत्पीड़न के शिकार कैदियों और उनके परिवारों की सहायता के विशेष उद्देश्य को लेकर बनाया गया। के.ओ.आर. अर्थात् 'श्रमिक रक्षा समिति' एक उत्तम उदाहरण है किसी

क़ामयाब सामाजिक संगठन का, जिसे जनता के रोज़मर्रा के जीवन से जुड़े महत्त्वपूर्ण मुद्दे पर आधारित करके गठित किया गया। के.ओ.आर. ही सॉलिडेरिटी ट्रेड यूनियन का अग्रदूत और प्रणेता बना। सॉलिडेरिटी ट्रेड यूनियन ने प्रभावशाली हड़तालें करने की अपनी ताक़त के दम पर, बलपूर्वक अपने अवैध संगठन को वैध करने को तानाशाही को मजबूर कर दिया। किसानों, छात्रों और कई अन्य समूहों ने भी अपने स्वतंत्र संगठन बना लिये। जब कम्यूनिस्ट तानाशाही को अहसास हुआ कि इन समूहों ने सत्ता-शक्ति की वास्तविकताओं को बुनियादी तौर पर पूरी तरह से बदलकर रख दिया है, तब सॉलिडेरिटी पर फिर से प्रतिबन्ध लगा दिया गया और कम्यूनिस्ट तानाशाही को सैन्य-शासन का सहारा लेना पड़ा।

यहाँ तक कि मार्शल लॉ के तहत (जिसमें बहुत से लोगों को जेलों में ठूँस दिया गया और कइयों का क्रूर उत्पीड़न हुआ), समाज के नए स्वतंत्र संस्थान लोकतंत्र की मज़बूती के लिए लगातार काम करते रहे। उदाहरण के लिए, दर्जनों अवैध समाचार-पत्र और पत्रिकाओं का प्रकाशन जारी रहा। अवैध प्रकाशन घरों ने सालाना सैकड़ों किताबें जारी कीं, जबकि प्रसिद्ध लेखकों ने तानाशाही कम्यूनिस्ट प्रकाशनों और सरकारी प्रकाशन गृहों का बहिष्कार किया। समाज के अन्य हिस्सों में भी इसी तरह की गतिविधियाँ जारी रहीं।

जारूसेल्सकी सैन्य शासन के तहत, सैन्य-कम्यूनिस्ट सरकार के बारे में कहा जाता है कि सरकार केवल समाज के शीर्ष पर उछल-कूद मचा रही थी। अधिकारियों का अभी भी सरकारी कार्यालयों और भवनों पर क़ब्ज़ा था। शासन अभी भी, दंडों, गिरफ़्तारियों, कारावासों, प्रिंटिंग प्रेस की ज़ब्ती जैसी कार्रवाइयों द्वारा समाज पर प्रहार कर सकता था। लेकिन तानाशाही समाज को नियंत्रित कर पाने में नाकाम थी। उस समय के बाद केवल

उस वक़्त और घड़ी का इंतज़ार था कि समाज कब तानाशाही शासन को पूर्ण रूप से नष्ट करने में क़ामयाब होता है।

तानाशाही जब सरकारी पदों पर क़ाबिज़ भी होती है, तब भी कभी-कभी एक 'लोकतांत्रिक समानान्तर सरकार' का गठन करना सम्भव होता है। यह प्रतिद्वंद्वी सरकार के रूप में काम करेगी और इसे जनता और समाज के संस्थानों की वफ़ादारी, अनुपालन और सहयोग प्राप्त होगा। तानाशाही तब इस सबके परिणामस्वरूप, बढ़ते आधार पर, सरकार की इन विशेषताओं और गुणों से वंचित होती चली जाएगी। आख़िरकार, एक दिन, लोकतांत्रिक समानान्तर सरकार पूरी तरह से तानाशाही शासन की जगह ले लेगी। नियत समय में एक लोकतांत्रिक संविधान को अपना लिया जाएगा और स्वतंत्र व निष्पक्ष, पारदर्शी चुनाव आयोजित किए जाएँगे।

तानाशाही का विघटन करना

जब एक ओर समाज का रूपान्तर हो रहा हो, उसी दौरान अवज्ञा और असहयोग के आन्दोलन में वृद्धि करनी चाहिए। लोकतांत्रिक शक्तियों के रणनीतिकारों को शुरू में ही यह चिन्तन कर लेना चाहिए कि एक समय ऐसा आएगा जब लोकतांत्रिक शक्तियों को चयनात्मक प्रतिरोध से आगे बढ़कर पूरे देश में एक साथ सामूहिक जन-अवज्ञा आन्दोलन शुरू करना ही पड़ेगा। ज़्यादातर मामलों में, जनता की प्रतिरोधक क्षमता बनाने, फैलाने और प्रसारित करने में समय लगता है। जनता की प्रतिरोधक क्षमता का रातोरात विकास नहीं हो सकता। इसमें अक्सर बरसों लग जाते हैं। इस अन्तरिम अवधि के दौरान चयनात्मक प्रतिरोध के अभियानों को चलाना होता है। प्रयास यह होता है कि हर बार के चयनात्मक प्रतिरोध अभियान का राजनीतिक

उद्‌देश्य, पिछले अभियान के राजनीतिक उद्‌देश्य से और अधिक राजनीतिक महत्त्व वाला हो। समाज के सभी स्तरों पर आबादी के बड़े हिस्से को इसमें शामिल करना चाहिए, ताकि आबादी के अधिकतम भाग को अवज्ञा और असहयोग के आन्दोलन का अनुभव और प्रशिक्षण प्राप्त हो जाए। दृढ़ता से किए जा रहे, अनुशासित और लगातार तेज़ होते अवज्ञा आन्दोलन के दौरान तानाशाही की आन्तरिक कमज़ोरियाँ भी अक्सर स्पष्ट और उजागर होती चली जाती हैं।

मज़बूती से की गई राजनीतिक अवज्ञा और स्वतंत्र संस्थानों का निर्माण, इन दोनों कारकों द्वारा अन्तर्राष्ट्रीय जगत का अनुकूल ध्यान लोकतांत्रिक शक्तियों की ओर आकर्षित होता है। इनके कारण लोकतांत्रिक शक्तियों के समर्थन में अन्तर्राष्ट्रीय जगत द्वारा कूटनीतिक निन्दा, बहिष्कार, प्रतिबन्ध और घाटबन्दी (Embargoes) की जा सकती है, जैसा कि पोलैंड में भी किया गया था।

रणनीतिकारों को यह मालूम होना चाहिए कि कुछ स्थितियों में तानाशाही का पतन बहुत तेज़ी से हो सकता है, जैसा कि 1989 में पूर्वी जर्मनी में हुआ। ऐसा तब होता है जब सम्पूर्ण आबादी में तानाशाही के विरुद्ध, तेज़ी से उत्पन्न और प्रकट हुई, हद से ज़्यादा घृणा और विकर्षण के कारण, सत्ताशक्ति के स्रोत बड़े पैमाने पर अचानक पूरी तरह से कट जाते हैं। हालाँकि इस प्रकार का घटनाक्रम इतिहास में कभी-कभार ही होता है, सामान्यत: ऐसा नहीं होता, इसलिए बेहतर यही है कि एक दीर्घकालिक संघर्ष की योजना बनाई जाए, लेकिन फिर भी एक अल्पकालिक संघर्ष की भी तैयारी ज़रूर होनी चाहिए।

मुक्ति-संघर्ष के दौरान, सीमित मुद्‌दों की जीत का जश्न ज़रूर मनाया जाना चाहिए। जिन व्यक्तियों का ऐसी जीत में महत्त्वपूर्ण योगदान रहा है, उनको मान-सम्मान, श्रेय ज़रूर दिया

जाना चाहिए। ऐसा करना भविष्य के संघर्षों के विभिन्न चरणों में, मनोबल ऊँचा बनाए रखने के लिए परम आवश्यक है।

सफलता में गम्भीरता बनाए रखना

कई बार ऐसा भी होता है कि सफलता पाकर लोग पगला जाते हैं और उनका मानसिक सन्तुलन बिगड़ जाता है। 'विराट रणनीति' के योजनाकारों को पहले से ही, उन सम्भव और पसन्दीदा तरीक़ों का आकलन कर लेना चाहिए जिनके द्वारा एक और नई तानाशाही के उदय को रोका जा सके और एक क्रमवार तरीक़े से एक-एक क़दम बढ़ाते हुए, एक टिकाऊ लोकतांत्रिक प्रणाली की स्थापना सुनिश्चित की जा सके।

लोकतंत्रवादियों को इस विषय का आकलन कर लेना चाहिए कि किस प्रकार से, संघर्ष के अन्त में, तानाशाही से अन्तरिम सरकार के संक्रमण को नियंत्रित किया जाएगा। उस समय यह निहायत ही ज़रूरी है कि जल्दी से एक नई कामकाजी सरकार की स्थापना कर दी जाए। यह सरकार नए कर्मियों के साथ पुरानी सरकार नहीं होनी चाहिए। यह आकलन करना भी आवश्यक है कि पुराने सरकारी ढाँचे के किन विभागों को (जैसे राजनीतिक पुलिस), उनके अन्तर्निहित लोकतंत्र विरोधी चरित्र के कारण पूरी तरह से ख़त्म कर दिया जाए और किन विभागों को बरकरार रखा जाए, जिनका बाद में लोकतंत्रीकरण किया जाना सम्भव है। सरकार का पूरी तरह से समाप्त होना एक सरकारी शून्य उत्पन्न कर सकता है, ऐसी स्थिति में या तो अराजकता फैल जाएगी, या फिर यह एक नई तानाशाही का रास्ता खोल सकती है।

पहले से ही यह सोच-विचार कर, यह निर्धारित कर लेना चाहिए कि जब तानाशाही विखंडित हो जाएगी, तब तानाशाही के उच्च अधिकारियों के प्रति क्या नीति अपनाई जाएगी। उदाहरण के

लिए, क्या तानाशाहों पर अदालतों में मुक़दमे चलाए जाएँगे? क्या उन्हें स्थायी रूप से देश छोड़ने की अनुमति दी जानी चाहिए? इस जीत के बाद राजनीतिक अवज्ञा, देश के पुनर्निर्माण और लोकतंत्र के निर्माण की आवश्यकता के अनुरूप और क्या विकल्प हो सकते हैं? ऐसे ख़ून-खराबे से हर हाल में बचना चाहिए, जिसका भविष्य की लोकतांत्रिक प्रणाली पर नकारात्मक प्रभाव हो।

तानाशाही से लोकतंत्र के संक्रमण को कार्यान्वित करने की विशिष्ट योजनाएँ पहले से ही तैयार रहनी चाहिए ताकि उन्हें तब लागू किया जा सके जब तानाशाही कमज़ोर हो रही हो या ढह रही हो। इस प्रकार की योजनाओं के द्वारा किसी अन्य अलोकतांत्रिक समूह को तख़्तापलट के माध्यम से राज्य की सत्ता-शक्ति पर क़ब्ज़ा करने के प्रयासों या मंसूबों को विफल करने में मदद मिलेगी। ऐसी योजना की भी आवश्यकता है, जिसके द्वारा एक लोकतांत्रिक संवैधानिक सरकार का प्रतिष्ठापन किया जाए, जिसमें सम्पूर्ण राजनीतिक और व्यक्तिगत स्वतंत्रताएँ हों। ऐसा न होने पाए कि, एक बड़ी क़ीमत चुकाकर जीता हुआ परिवर्तन, योजना की कमी के कारण, व्यर्थ ही गँवा दिया जाए।

जब तानाशाह का सामना, तेज़ी से सशक्त हो रही जनता, तथा स्वतंत्र लोकतांत्रिक समूहों और संस्थाओं में बढ़ोतरी से होता है—जिनको तानाशाही नियंत्रित करने में स्वयं को असमर्थ पाती है—तो देखते-देखते उसकी सत्ता का ताना-बाना एक-एक धागा उधड़कर रह जाता है। समाज द्वारा बड़े पैमाने पर बन्द, हड़तालें, समूची आबादी द्वारा घरों से बाहर न निकलना, अवज्ञा भरे विरोध मार्च और मोर्चा या ऐसी ही अन्य गतिविधियों द्वारा तानाशाही के अपने संगठन एवं सम्बन्धित संस्थाएँ खोखली और कमज़ोर होती चली जाती हैं। इस प्रकार के समझदारी से किए गए अवज्ञा और असहयोग के परिणामस्वरूप, तानाशाही शक्तिविहीन हो जाएगी तथा लोकतंत्र के समर्थक और रक्षक

बिना हिंसा का इस्तेमाल किए, जीत जाएँगे। अवज्ञाकारी आबादी के समक्ष तानाशाही कण-कण में विघटित हो जाएगी।

ऐसा प्रत्येक प्रयास सफल नहीं होगा, ख़ासकर आसानी से तो कभी भी नहीं होगा, जल्दी भी शायद ही कभी हो और बिना जान-माल की क़ीम्त चुकाए तो शायद ही कभी हो। हमेशा याद रखना चाहिए कि जितने सैन्य युद्ध जीते जाते हैं, उतने ही सैन्य युद्ध हारे भी जाते हैं। हालाँकि राजनीतिक अवज्ञा जीत की वास्तविक सम्भावनाएँ पेश करती है। जैसा कि पहले भी कहा जा चुका है, कि एक समझदारी से विकसित की गई विराट रणनीति, सावधानीपूर्वक बनाई गई रणनीतिक योजना, कड़ी मेहनत और अनुशासित साहसी संघर्ष के द्वारा इस जीत की सम्भावनाओं को काफ़ी हद तक बढ़ाया और सुनिश्चित ज़रूर किया जा सकता है।

दस

एक टिकाऊ लोकतंत्र के लिए कुछ बुनियादी काम

तानाशाही का विघटन निश्चित रूप से एक बड़े उत्सव का कारण होता है। वो लोग जो लम्बे समय तक उत्पीड़ित रहे हैं, जिन्होंने कष्ट भोगे हैं और जिन्होंने एक लम्बे और कठिन संघर्ष के दौरान बड़ी क़ीमत चुकाई है, ख़ून बहाया है, जानें दीं हैं, अपने खोए हैं, वे हक़दार हैं—आनन्दोल्लास और ख़ुशी मनाने के, विश्राम और विश्रांति के, मान्यता और मान-सम्मान के। उन्हें ख़ुद पर और उन सभी पर गर्व करना चाहिए, जिन्होंने राजनीतिक स्वतंत्रता हासिल करने के लिए उनके साथ संघर्ष किया। सभी लोग जो इस संघर्ष में शामिल रहे होंगे, इतने ख़ुशनसीब नहीं होंगे कि ये ख़ुशी का दिन देखने के लिए ज़िन्दा भी हों। जीवित और मृतकों को उन नायकों के रूप में याद किया जाएगा, जिन्होंने अपने देश में स्वतंत्रता के इतिहास को आकार देने में योगदान दिया, जानों की आहुति दी। दुर्भाग्य से यह ऐसा भी समय नहीं होता है कि जब सतर्कता में ढील दे दी जाए। राजनीतिक अवज्ञा द्वारा तानाशाही के सफल विघटन के बाद की स्थिति में जो एक अव्यवस्था, विभ्रांति और उलझन का दौर आता है, उसका अनुचित लाभ उठाकर, नए दमनकारी तानाशाही शासन का उदय भी सम्भव है। इसे रोकने के लिए

पूरी सावधानी बरतनी चाहिए। लोकतंत्र समर्थक नेताओं द्वारा पहले से ही पूरी तैयारी कर लेनी चाहिए, ताकि तानाशाही से लोकतंत्र का संक्रमण—सुव्यवस्थित व बे-रोक-टोक हो सके। तानाशाही संरचनाओं को भी जड़ से नष्ट करना होगा। संवैधानिक और क़ानूनी आधारों का, व्यवहार के मानकों का निर्माण करना होगा, ताकि एक टिकाऊ लोकतंत्र की स्थापना की जा सके।

किसी को भी यह ग़लतफ़हमी पालकर नहीं चलना चाहिए कि तानाशाही के पतन के साथ ही तत्काल एक आदर्श समाज की स्थापना स्वत: ही हो जाएगी। दूध-दही की नदियाँ बहेंगी और ज़मीन पर स्वर्ग उतर आएगा। तानाशाही का विघटन, समाज को बेहतर बनाने और मानवीय आवश्यकताओं को अधिक से अधिक पूरा करने के दीर्घकालिक प्रयासों के लिए, एक शुरुआती सीढ़ी प्रदान करता है। कई तरह की गम्भीर राजनीतिक, आर्थिक और सामाजिक समस्याएँ वर्षों तक यूँ ही बनी रहेंगी, जिनको सुलझाने के लिए कई लोगों और समूहों के सहयोग की बार-बार आवश्यकता होगी। नई राजनीतिक प्रणाली को अलग-अलग दृष्टिकोण रखनेवाले लोगों को अवसर प्रदान करने चाहिए ताकि वे भविष्य में उत्पन्न होनेवाली समस्याओं को निपटाने के लिए उचित नीतियों का निर्माण कर सकें और रचनात्मक कार्य जारी रख सकें।

एक नई तानाशाही का ख़तरा

बहुत समय पहले अरस्तू ने चेतावनी दी थी : "एक अत्याचारी शासन, किसी अन्य अत्याचारी शासन में बदल सकता है...।"[1] फ्रांस (जैकोबिन और नेपोलियन), रूस (बोल्शेविक), ईरान (अयातुल्ला), बर्मा (एसएलओआरसी), और अन्य जगहों से

1. अरस्तू, द *पॉलिटिक्स,* खंड V, अध्याय 12, पृ. 233

काफ़ी सारे ऐतिहासिक साक्ष्य हैं, कि एक दमनकारी शासन का पतन, कुछ व्यक्तियों और समूहों को एक ऐसा अवसर प्रदान करता है, कि गिद्ध की तरह झपट्टा मारकर नए तानाशाह स्वामी और शासक बन बैठें। उनके उद्देश्य अलग-अलग हो सकते हैं, लेकिन परिणाम अक्सर समान होते हैं। नई तानाशाही पुरानी तानाशाही से भी अधिक क्रूर और निरंकुश हो सकती है।

तानाशाही के पतन से कुछ समय पहले, पुराने शासन के कुछ सदस्य बलपूर्वक सरकार का आकस्मिक तख़्तापलट कर सकते हैं। लोकप्रिय प्रतिरोध जब जीतने के कगार पर होता है तब अक्सर इस तरह का तख़्तापलट किया जाता है। चूँकि आम जनता का आक्रोश तानाशाह के विरुद्ध होता है, इसलिए कई बार भोली जनता इसी में ख़ुश हो जाती है, कि चलो क्रूर तानाशाह से मुक्ति मिल गई। इस प्रकार का शासन तानाशाही को उखाड़ फेंकने का दावा कर सकता है, लेकिन असलियत में यह केवल पुराने तानाशाही शासन के एक परिष्कृत मॉडल को ज़ोर-ज़बरदस्ती से थोप देता है।

तख़्तापलट को अवरुद्ध करना

ऐसे बहुत से तरीक़े हैं जिनके द्वारा नवमुक्त समाजों के ख़िलाफ़ बलात् तख़्तापलट की कोशिशों को अवरुद्ध किया जा सकता है। इन तरीक़ों, साधनों और रक्षात्मक उपायों का अग्रिम ज्ञान, तख़्तापलट के कुप्रयासों को रोकने और अवरुद्ध करने में कारगर हो सकता है। रोकथाम की अग्रिम तैयारी, तख़्तापलट के प्रयासों को विफल करती है। बुद्धिमानों का कहना है कि रोग की रोकथाम, रोग के उपचार से बेहतर होती है। तख़्तापलट शुरू होने के तत्काल बाद, तख़्तापलट करनेवालों को वैधता की आवश्यकता होती है, अर्थात् शासन करने के लिए उनके नैतिक और राजनीतिक

अधिकार की स्वीकृति। तख़्तापलट विरोधी रक्षात्मक सिद्धान्तों में पहला सिद्धान्त यह है कि तख़्तापलट करनेवालों को वैधता से वंचित करना है।

सरकार का बलात् आकस्मिक तख़्तापलट करनेवालों की यह भी आवश्यकता होती है कि सिविल नेता और अन्य लोग या तो उनके तख़्तापलट का समर्थन करें या भ्रमित रहें—ऊहापोह व उलझन में रहें, या फिर बस दब्बूपने से निष्क्रिय व अप्रतिरोधी बने रहें। तख़्ता पलटनेवालों को प्रभावित समाज पर अपना नियंत्रण बनाने के लिए विशेषज्ञ सलाहकारों, नौकरशाहों, सिविल सेवकों, प्रशासकों और न्यायाधीशों के सहयोग की आवश्यकता होती है। तख़्ता पलटनेवालों की यह भी ज़रूरत होती है कि राजनीतिक प्रणाली, समाज के संस्थनों, अर्थव्यवस्था, पुलिस और सैन्य बलों को संचालित करनेवाले अनेकों लोग—दब्बूपने से अधीनता स्वीकार कर लें और सामान्य कार्यों को उसी प्रकार करते रहें, जैसे तख़्तापलट करनेवाले आदेश करें और जिस प्रकार की वे संशोधित नीतियाँ बनाएँ।

तख़्तापलट के विरोध का दूसरा बुनियादी रक्षात्मक सिद्धान्त तख़्ता पलटने का अवज्ञा और असहयोग द्वारा विरोध करना भी है। उन्हें जिस प्रकार के सहयोग और सहायता की ज़रूरत है, उससे उन्हें वंचित रखा जाए। अनिवार्य रूप से संघर्ष के बिलकुल वही साधन जो तानाशाही के विरुद्ध इस्तेमाल किए गए थे, वही नई तानाशाही के ख़िलाफ़ भी इस्तेमाल करने होंगे और बिना एक पल गँवाए, तत्काल लागू करने पड़ेंगे। यदि वैधता और सहयोग दोनों से तख़्तापलट करनेवालों को वंचित कर दिया जाता है, तो तख़्ता पलटनेवाले राजनीतिक भुखमरी का शिकार बनकर, सूखकर, मुरझाकर, राजनीतिक मृत्यु का शिकार हो जाएँगे। इस प्रकार, एक लोकतांत्रिक समाज के निर्माण का मौक़ा फिर से बहाल हो जाएगा।

संविधान का मसौदा तैयार करना

नई लोकतंत्र प्रणाली को एक ऐसे संविधान की आवश्यकता होगी जो लोकतांत्रिक सरकार के वांछित ढाँचे को स्थापित करे। संविधान में सरकार के उद्देश्यों, सरकारी शक्तियों, चुनाव के साधनों और समय को निर्धारित करना चाहिए जिसके द्वारा विधायकों को चुना जाएगा। किस प्रक्रिया द्वारा सरकारी अधिकारियों की नियुक्ति हो, लोगों के निहित अधिकारों और राष्ट्रीय सरकार का अन्य निचले स्तर की सरकारों से सम्बन्ध कैसा होगा, इन सभी विषयों की संविधान में स्पष्ट व्याख्या होनी चाहिए।

केन्द्रीय सरकार के भीतर भी, यदि उसे लोकतांत्रिक रहना है, तो सरकार की विधायिका, कार्यपालिका और न्यायपालिका के बीच अधिकारों का स्पष्ट विभाजन स्थापित किया जाना चाहिए ताकि कभी भविष्य में भ्रम की स्थिति पैदा न हो। किसी भी क़ानूनी राजनीतिक हस्तक्षेप को प्रतिबन्धित करने के लिए पुलिस, ख़ुफ़िया सेवाओं और सैन्य बलों की गतिविधियों पर मज़बूत प्रतिबन्ध शामिल होने चाहिए।

लोकतांत्रिक प्रणाली के हितों के संरक्षण के लिए, तानाशाही की प्रवृत्तियों के रोकथाम के लिए, इस प्रकार के उपाय किए जाने चाहिए—संविधान को एक संघीय प्रणाली की स्थापना करनी चाहिए, जिसमें, क्षेत्रीय, राज्य और सरकार के स्थानीय स्तरों के लिए महत्त्वपूर्ण विशेषाधिकार हों। कुछ स्थितियों में स्विट्ज़रलैंड की केंटन वाली स्विस प्रणाली पर भी विचार किया जा सकता है, जिसमें अपेक्षाकृत छोटे क्षेत्र, पूरे देश का एक भाग बने रहते हुए, अपने प्रमुख विशेषाधिकार बनाए रखते हैं।

यदि इस प्रकार की विशेषताओं वाला कोई संविधान, मुक्त देश के इतिहास में पहले भी मौजूद था, तो उसे बहाल करना बुद्धिमानी होगी। इसे आवश्यक और वांछनीय रूप से संशोधित भी किया जा सकता है। यदि कोई उपयुक्त पुराना संविधान

मौजूद नहीं है, तो एक अन्तरिम संविधान के साथ काम करना आवश्यक हो सकता है। अन्यथा, एक नया संविधान तैयार करने की आवश्यकता होगी। एक नया संविधान तैयार करने में काफ़ी समय लगेगा और काफ़ी सोच-विचार करने की आवश्यकता होगी। इस प्रक्रिया में लोकप्रिय भागीदारी नए मज़मून या संशोधनों के अनुसमर्थन और सम्पुष्टि के लिए वांछनीय है। संविधान में ऐसे वादों को शामिल करने के बारे में बहुत सतर्क रहना चाहिए, जिन्हें बाद में लागू करना या निभाना असम्भव साबित हो सकता है। ऐसे प्रावधान जिनके लिए एक बहुत ही अधिक केन्द्रीकृत सरकार की आवश्यकता हो, उनके प्रति भी बहुत सतर्क रहने की आवश्यकता है। उपरोक्त दोनों बिन्दु, एक नई तानाशाही को जड़ें जमाने के लिए उपजाऊ ज़मीन प्रदान कर सकते हैं।

संविधान के शब्दों को इतनी सरल भाषा में लिखना चाहिए कि बहुसंख्यक लोगों को आसानी से समझ में आ जाए। संविधान की भाषा इतनी जटिल या अस्पष्ट नहीं होनी चाहिए, कि केवल वकील या अन्य अभिजन ही इसे समझने का दावा कर सकें।

लोकतांत्रिक रक्षा-नीति

मुक्त देश को विदेशी ख़तरों का भी सामना करना पड़ सकता है, जिसके लिए एक रक्षा-क्षमता की आवश्यकता होगी। आर्थिक, राजनीतिक या सैन्य वर्चस्व स्थापित करने के विदेशी प्रयासों से भी देश को ख़तरा हो सकता है।

आन्तरिक लोकतंत्र बनाए रखने के हितों की दृष्टि से, राष्ट्रीय रक्षा की ज़रूरतों के लिए, राजनीतिक अवज्ञा के बुनियादी सिद्धान्तों को लागू करने पर गम्भीरता से विचार किया जाना चाहिए।[1] नए

1. देखें : जीन शार्प, *सिविलियन-बेस्ड डिफ़ेंस : अ पोस्ट-मिलिट्री वीयंस सिस्टम* (प्रिंस्टन, न्यूजर्सी : प्रिंस्टन यूनिवर्सिटी प्रेस, 1990)

मुक्त देश, नागरिकों के हाथों में सीधे प्रतिरोध की क्षमता रखकर एक मज़बूत सैन्य क्षमता की स्थापना करने की आवश्यकता से बच सकते हैं। इसके दो फ़ायदे हैं। एक, इस प्रकार की सैन्य क्षमता लोकतंत्र के लिए भविष्य में ख़तरा बन सकती है। दो, इस प्रकार की सैन्य क्षमता के निर्माण में विशाल आर्थिक संसाधनों की आवश्यकता होती है, जिन्हें अन्य महत्त्वपूर्ण उद्देश्यों की पूर्ति के लिए इस्तेमाल किया जा सकता है।

यह हमेशा याद रखना चाहिए कि कुछ समूह नए तानाशाहों के रूप में, ख़ुद को स्थापित करने के उद्देश्य से किसी भी संवैधानिक प्रावधान की अनदेखी करेंगे। इसलिए, जनता के पास राजनीतिक अवज्ञा और असहयोग द्वारा भविष्य के सम्भावित तानाशाहों के ख़िलाफ़ लागू करने के लिए, एक स्थायी भूमिका रहेगी। लोकतांत्रिक संरचनाओं, अधिकारों और प्रक्रियाओं को संरक्षित करने के लिए यह स्थायी भूमिका आवश्यक है।

गुण-सम्पन्न ज़िम्मेदारी

अहिंसक संघर्ष का उद्देश्य न केवल तानाशाही को कमज़ोर करना और हटाना है, बल्कि उत्पीड़ितों को सशक्त बनाना भी है। यह तकनीक उन लोगों को सक्षम बनाती है, जो पूर्व में स्वयं को केवल प्यादा या पीड़ित महसूस करते थे। ऐसे कमज़ोर व असहाय लोगों के हाथों में शक्ति देना भी एक उद्देश्य है, ताकि वे अपने प्रयासों से और अधिक स्वतंत्रता और न्याय हासिल कर सकें। इस संघर्ष के अनुभव के महत्त्वपूर्ण मनोवैज्ञानिक परिणाम होते हैं, पूर्व में ख़ुद को शक्तिहीन समझनेवाले लोगों में आत्म-सम्मान और आत्मविश्वास बढ़ाने में भी यह योगदान देता है।

लोकतांत्रिक सरकार की स्थापना के लिए अहिंसक संघर्ष के उपयोग का, एक महत्त्वपूर्ण दीर्घकालीन परिणाम यह है कि

समाज भविष्य में लगातार उत्पन्न होनेवाली समस्याओं से निपटने में और ज़्यादा सक्षम हो जाएगा। इसमें भविष्य में सरकारी ताक़त का दुरुपयोग, सरकारी भ्रष्टाचार, किसी भी समूह का दुर्व्यवहार, आर्थिक अन्याय और राजनीतिक प्रणाली के लोकतांत्रिक गुणों पर अंकुश लगाना शामिल हो सकता है। जिस आबादी को राजनीतिक अवज्ञा के उपयोग का अनुभव हो जाता है, वह भविष्य में किसी तानाशाही के नागपाश में फँसेगी, इसकी सम्भावना बहुत कम हो जाती है।

मुक्ति के बाद, अहिंसक संघर्ष को जान लेना—लोकतंत्र, नागरिक स्वतंत्रता, अल्पसंख्यक अधिकारों और क्षेत्रीय, प्रादेशिक, और स्थानीय सरकारों और ग़ैरसरकारी संस्थानों की रक्षा के साधन प्रदान करेगा। इस तरह के साधन ऐसे तरीक़े भी प्रदान करते हैं जिनके द्वारा व्यक्ति और समूहों द्वारा शान्तिपूर्ण तरीक़े से अत्यधिक असन्तोष भी व्यक्त किया जा सकता है, ऐसे मुद्दों पर जो इतने महत्त्वपूर्ण माने जाते हैं कि जिनमें विपक्षी समूह कभी-कभी आतंकवाद या गुरिल्ला युद्ध का भी सहारा ले लेते हैं।

राजनीतिक अवज्ञा या अहिंसक संघर्ष की विवेचना के सद्विचार उन सभी व्यक्तियों और समूहों के लिए मददगार हैं, जो अपने लोगों से तानाशाही उत्पीड़न हटाना और उठाना चाहते हैं, और समाज को सुधारने के लिए मानव स्वतंत्रता और लोकप्रिय कार्रवाई का सम्मान करनेवाली टिकाऊ लोकतांत्रिक व्यवस्था स्थापित करना चाहते हैं।

यहाँ व्यक्त किए गए विचारों के तीन प्रमुख निष्कर्ष हैं :

1. तानाशाही से मुक्ति सम्भव है।
2. मुक्ति प्राप्त करने के लिए बहुत सावधानीपूर्वक विचार करने और रणनीति बनाने की आवश्यकता होगी।

3. सतर्कता, कड़ी मेहनत, अनुशासित संघर्ष और अक्सर जान-माल की भी ऊँची क़ीमत अदा करने की आवश्यकता होगी।

अक्सर उद्धृत किया जानेवाला वाक्यांश 'आज़ादी मुफ़्त में नहीं मिलती' सच है। कोई भी बाहरी ताक़त मसीहा बनकर नहीं आएगी, उत्पीड़ित लोगों को वह स्वतंत्रता दिलाने, जिसकी उन्हें चाहत है। लोगों को यह सीखना होगा कि कैसे ख़ुद स्वतंत्रता हासिल की जाए और यह कभी भी आसान नहीं हो सकता।

यदि लोग समझ सकते हैं कि उनकी अपनी मुक्ति के लिए क्या आवश्यक है, तो वे कार्रवाई के मार्ग का रेखांकन कर सकते हैं, जो कि बहुत अधिक कष्टों और मेहनत के माध्यम से, अन्ततः उन्हें अपनी स्वतंत्रता दिला सकता है। फिर, लगन और परिश्रम के साथ वे एक नई लोकतांत्रिक प्रणाली का निर्माण कर सकते हैं, और उसकी सुरक्षा की तैयारी कर सकते हैं। इस प्रकार के संघर्ष से मिली स्वतंत्रता टिकाऊ हो सकती है। इसको दृढ़ लोगों द्वारा, जो इसके संरक्षण और संवर्धन के लिए प्रतिबद्ध हों, क़ायम और बनाए रखा जा सकता है।

परिशिष्ट

अहिंसक कार्रवाई के साधन[1]

The Methods of Nonviolent Protest and Persuasion
अहिंसक प्रदर्शन और अनुनय-विनय के साधन

Formal Statements
औपचारिक वक्तव्य

1. Public speeches
सार्वजनिक भाषण
2. Letters of opposition or support
विरोध या समर्थन के पत्र
3. Declarations by organizations and institutions
संगठनों और संस्थानों द्वारा घोषणाएँ
4. Signed public statements
हस्ताक्षरयुक्त सार्वजनिक वक्तव्य
5. Declarations of indictment and intention
अभियोग और इरादों की घोषणाएँ
6. Group or mass petitions
सामूहिक या जन याचिकाएँ

1. परिभाषाओं और उदाहरणों के साथ, यह सूची जीन शार्प की द *पॉलिटिक्स ऑफ़ नॉन-वायलेंट एक्शन,* भाग-2, द *मेथड्स ऑफ़ नॉन-वायलेंट एक्शन* से ली गई है।

Communications with a wider audience
व्यापक दर्शक-श्रोताओं के साथ संचार

7. Slogans, caricatures and symbols
नारे, व्यंग्य-चित्र और प्रतीक
8. Banners, posters and displayed communications
बैनर, पोस्टर और प्रदर्शित संचार
9. Leaflets, pamphlets, booklets and books
पत्रक, पर्चे, पुस्तिकाएँ और पुस्तकें
10. Newspapers and journals
समाचार-पत्र और पत्रिकाएँ
11. Audio-Records, radio and television
श्रव्य-रिकॉर्ड्स, रेडियो और टेलीविज़न
12. Skywriting and earthwriting
धूम्र-लेखन और धरातल लेख

Group representations
समूह अभ्यावेदन

13. Deputations
प्रतिनिधिमंडल
14. Mock awards
दिखावटी तिरस्कृत करनेवाले पुरस्कार
15. Group lobbying
समूह पैरवी
16. Picketing
धरना
17. Mock elections
दिखावटी मज़ाक़िया चुनाव

Symbolic public acts
प्रतीकात्मक सार्वजनिक कार्रवाई

18. Display of flags and symbolic colours
    झंडों और प्रतीकात्मक रंगों का प्रदर्शन
19. Wearing of symbols
    प्रतीकों को पहनना
20. Prayers and worship
    प्रार्थना और उपासना
21. Delivering symbolic objects
    प्रतीकात्मक वस्तुओं का वितरण
22. Protest Disrobings
    विरोध में वस्त्र उतारकर नग्न प्रदर्शन
23. Destruction of own property
    स्वयं की सम्पत्ति को नष्ट करना
24. Symbolic lights
    प्रतीकात्मक रोशनी से प्रदर्शन
25. Display of portraits
    चित्रों का प्रदर्शन
26. Paint as protest
    विरोध में चित्रकारी करना
27. New signs and names
    नए संकेत और नाम
28. Symbolic sounds
    प्रतीकात्मक ध्वनियाँ
29. Symbolic reclamations
    प्रतीकात्मक सुधार एवं संशोधन
30. Rude gestures
    अशिष्ट इशारेबाज़ी

Pressures on individuals
व्यक्ति-विशेष पर दबाव डालना

31. 'Haunting' officials
    अधिकारियों के दिलो-दिमाग़ में हमेशा बने रहना
32. Taunting officials
    अधिकारियों को ताने मारना
33. Fraternization
    बन्धुत्व और भाईचारे की भावना पैदा करना
34. Vigils
    रतजगा

Drama and music
नाटक और संगीत

35. Humorous skits and pranks
    हास्यपूर्ण नाटक और शरारतें
36. Performance of plays and music
    नाटकों और संगीत के कार्यक्रमों का प्रस्तुतीकरण
37. Singing
    गीत-गायन, कवि-सम्मेलन

Processions
जुलूस

38. Marches
    मोर्चा निकालना
39. Parades
    परेड निकालना
40. Religious processions
    धार्मिक जुलूस
41. Pilgrimages
    तीर्थ-यात्राएँ

42. Motorcades
    मोटर गाड़ियों का क़ाफ़िला निकालना

Honouring the dead
मृतकों का सम्मान

43. Political mourning
    राजनीतिक शोक मनाना
44. Mock funerals
    नक़ली शवयात्रा, क्रियाकर्म
45. Demonstrative funerals
    प्रदर्शनकारी अन्तिम संस्कार
46. Homage at burial places
    संस्कार/दफ़न के स्थानों पर श्रद्धांजलि देना

Public assemblies
सार्वजनिक जनसभाएँ

47. Assemblies of protest or support
    विरोध या समर्थन के एकत्रीकरण
48. Protest meetings
    विरोध सभाएँ
49. Camouflaged meetings of protest
    छलावरण वाली विरोध सभाएँ
50. Teach-ins
    शिक्षकों-छात्रों की ग़ैर-शैक्षिक क्लास

Withdrawal and renunciation
वापसी और त्याग

51. Walk-outs
    कार्य-बहिष्कार

52. Silence
    मौन-व्रत
53. Renouncing honours
    सम्मान वापसी
54. Turning one's back
    पीठ दिखाना

The Methods of Social Noncooperation
सामाजिक असहयोग के तरीक़े

Ostracism of persons
व्यक्तियों का बहिष्कार

55. Social boycott
    सामाजिक बहिष्कार
56. Selective social boycott
    चयनित सामाजिक बहिष्कार
57. Lysistratic nonaction
    पत्नियों का अपने पति को सम्भोग से वंचित रखना
58. Excommunication
    धर्म/जाति/समाज से बहिष्कृत करना/हुक्का-पानी बन्द
59. Interdict
    पाबन्दियाँ और प्रतिबन्ध लगाना

Noncooperation with social events, customs and institutions
सामाजिक कार्यक्रमों,रीति-रिवाज़ों और संस्थानों से असहयोग

60. Suspension of social and sports activities
    सामाजिक और खेल गतिविधियों का निलंबन
61. Boycott of social affairs
    सामाजिक मामलों का बहिष्कार

62. Student strike
    छात्रों की हड़ताल
63. Social disobedience
    सामाजिक अवज्ञा
64. Withdrawal from social institutions
    सामाजिक संस्थाओं से निकल जाना

Withdrawal from the social systems
सामाजिक संस्थाओं से निकल जाना

65. Stay-at-home
    घर से न निकलना
66. Total personal non-cooperation
    समग्र व्यक्तिगत असहयोग
67. Flight of workers
    कामगारों का काम छोड़कर भाग जाना
68. Sanctuary
    अभयारण्य
69. Collective disappearance
    सामूहिक रूप से लापता हो जाना
70. Protest emigration (hijrat)
    विरोध प्रवास-गमन (हिज़रत)

The Methods of Economic Noncooperation
(1) Economic Boycotts
आर्थिक असहयोग के तरीक़े : (1) आर्थिक बहिष्कार

Actions by consumers
उपभोक्ताओं द्वारा बहिष्कार

71. Consumer's boycott
    उपभोक्ताओं द्वारा बहिष्कार

72. Non-consumption of boycotted goods
बहिष्कृत माल का उपभोग न करना
73. Policy of austerity
कठोर मितव्ययिता की नीति
74. Rent withholding
भाड़ा न देना
75. Refusal to rent
अपनी सम्पत्ति किराये पर देने से इनकार करना
76. National consumer's boycott
राष्ट्रीय उपभोक्ताओं द्वारा बहिष्कार
77. International consumer's boycott
अन्तर्राष्ट्रीय उपभोक्ताओं द्वारा बहिष्कार

Actions by workers and producers
कामगारों और उपभोक्ताओं द्वारा बहिष्कार की कार्रवाई

78. Workmen's boycott
कामगारों द्वारा बहिष्कार
79. Producer's boycott
उत्पादकों द्वारा बहिष्कार

Actions by middlemen
बिचौलियों द्वारा कार्रवाई

80. Supplier's and handler's boycott
आपूर्तिकर्ताओं और संचालकों का बहिष्कार

Actions by owners and management
मालिकों और प्रबन्धन द्वारा कार्रवाई

81. Trader's boycott
व्यापारियों द्वारा बहिष्कार

82. Refusal to let or sell property
सम्पत्ति को किराये पर देने या बेचने से इनकार करना
83. Lockout
तालाबन्दी
84. Refusal of industrial assistance
औद्योगिक सहायता से इनकार
85. Merchant's 'general strike'
व्यापारियों की 'आम हड़ताल'

Actions by holders of financial resources
वित्तीय संसाधनों के धारकों द्वारा कार्रवाई

86. Withdrawal of bank deposits
बैंकों में जमा धन निकाल लेना
87. Refusal to pay fees, dues and assessments
फीस, बकाया और कर-मूल्यांकन से इनकार
88. Refusal to pay debts or interest
ऋण या ब्याज का भुगतान करने से इनकार करना
89. Severance of funds and credit
निधि/कोष और जमा-धन का विच्छेद करना
90. Revenue refusal
राजस्व देने से इनकार करना
91. Refusal of a government's money
सरकारी धन के प्रतिषेध करना

Actions by goverments
सरकारों द्वारा कार्रवाई

92. Domestic embargo
घरेलू घाट-बन्दी
93. Blacklisting of traders
व्यापारियों को काली-सूची में डालना

94. International seller's embargo
अन्तर्राष्ट्रीय विक्रेताओं द्वारा घाट-बन्दी
95. International buyer's embargo
अन्तर्राष्ट्रीय क्रेताओं द्वारा घाट-बन्दी
96. International trade embargo
अन्तर्राष्ट्रीय व्यापार घाट-बन्दी

The Methods of Economic Noncooperation : The Strike
आर्थिक असहयोग के तरीक़े : हड़ताल

Symbolic strikes
प्रतीकात्मक हड़तालें

97. Protest strike
विरोध हड़ताल
98. Quickie walkout (lightning strike)
कम अवधि की अचानक स्वत:स्फूर्त और फौरी हड़ताल

Agricultural strikes
कृषि हड़ताल

99. Peasant strike
किसानों की हड़ताल
100. Farm worker's strike
कृषि क्षेत्र के कामगारों की हड़ताल

Strikes by special groups
विशेष समूहों द्वारा हड़ताल

101. Refusal of impressed labour
ज़ोर-ज़बरदस्ती से बनाए मज़दूरों का काम करने से इनकार कर देना

102. Prisoner's strike
कैदियों द्वारा हड़ताल

103. Craft strike
कारीगरों द्वारा हड़ताल

104. Professional strike
व्यावसायिक हड़ताल

Ordinary industrial strikes
आम औद्योगिक हड़ताल

105. Establishment strike
संस्थानों द्वारा हड़ताल

106. Industry strike
औद्योगिक हड़ताल (उद्योग के सभी संस्थानों में काम बन्द करना)

107. Sympathetic strike
सहानुभूतिवश हड़ताल (अपने सहकर्मियों के समर्थन में)

Restricted strikes
सीमित हड़तालें

108. Detailed strike
विस्तृत हड़ताल—कभी कोई कामगार, कभी कोई अन्य कामगार या अलग-अलग विभागों द्वारा अलग-अलग समय पर हड़ताल

109. Bumper strike
ज़ोरदार हड़ताल

110. Slowdown strike
सुस्ती या मंथर गति से काम करनेवाली हड़ताल

111. Working-to-rule strike
नियमानुसार काम करने की हड़ताल—उद्देश्य उत्पादन घटाना

112. Reporting 'sick' (sick-in)
'बीमार हूँ' का सन्देश घर से भेजनेवाली हड़ताल

113. Strike by resignation
बड़ी संख्या में त्यागपत्र देना

114. Limited strike
सीमित हड़ताल—कामगार कुछ काम करने से मना कर देते हैं, या फिर कुछ विशेष दिनों में काम से इनकार कर देते हैं

115. Selective strike
चयनात्मक हड़ताल (कामगार कुछ प्रकार के कामों को करने से इनकार कर देते हैं)

Multi-industry strike
बहु-औद्योगिक हड़ताल

116. Generalized strike
सामान्यीकृत हड़ताल

117. General strike
सामान्य हड़ताल

Combinations of strikes and economic closures
हड़तालों और आर्थिक बन्दी के संयोजन तथा मिश्रण

118. Hartal
हड़ताल

119. Economic shutdown
आर्थिक बन्दी / आर्थिक काम बन्द कर देना

The Methods of Political Noncooperation
राजनीतिक असहयोग के तरीक़े

Rejection of authority
राजसत्ता को अस्वीकार करना

120. Withholding or withdrawal of allegiance
     राजनिष्ठा पर रोक या राजनिष्ठा को वापस लेना
121. Refusal of public support
     जनता का समर्थन से इनकार
122. Literature and speeches advocating resistance
     साहित्य और भाषणों द्वारा प्रतिरोध की वकालत

Citizens non-cooperation with government
नागरिकों का सरकार से असहयोग

123. Boycott of legislative bodies
     विधायी निकायों का बहिष्कार
124. Boycott of elections
     चुनावों का बहिष्कार
125. Boycott of government employment and positions
     सरकारी रोज़गार और पदों का बहिष्कार
126. Boycott of government departments, agencies and other bodies
     सरकारी विभागों, एजेंसियों और अन्य निकायों का बहिष्कार
127. Withdrawal from government educational institutions
     सरकारी शिक्षण संस्थानों से वापसी
128. Boycott of government-supported organizations
     सरकार द्वारा समर्थित संगठनों का बहिष्कार

129. Refusal of assistance to enforcement agents
प्रवर्तन एजेंटों को सहायता न देना
130. Removal of own signs and placemarks
अपने स्थान-चिह्न और अन्य चिह्न हटाना
131. Refusal to accept appointed officials
नियुक्त अधिकारियों को मानने से इनकार करना
132. Refusal to dissolve existing institutions
मौजूदा संस्थानों को भंग करने से इनकार करना

Citizen's alternatives to obedience
नागरिकों की आज्ञाकारिता के विकल्प

133. Reluctant and slow compliance
अनिच्छुक और धीमी गति से आज्ञापालन
134. Nonobedience in absence of direct supervision
प्रत्यक्ष पर्यवेक्षण की अनुपस्थिति में अवज्ञा
135. Popular nonobedience
लोकप्रिय अवज्ञा (प्रचारित न करना/अधछुपी)
136. Disguised disobedience
प्रच्छन्न अवज्ञा (देखने में आज्ञापालन लगता है)
137. Refusal of an assemblage or meeting to disperse
सभा के आदमियों का तितर-बितर होने से इनकार करना
138. Sitdown
धरने पर बैठ जाना
139. Non-cooperation with conscription and deportation
निर्वासन और अनिवार्य सैनिक भर्ती में असहयोग
140. Hiding, escape and false identities
छुपना, पलायन करना और नक़ली पहचान बनाना

141. Civil disobedience of 'illegitimate' laws
'नाजायज़' क़ानूनों की नागरिक अवज्ञा

Actions by government personnel
सरकारी कर्मियों द्वारा कार्रवाई

142. Selective refusal of assistance by government aides
सरकारी सहायकों द्वारा सहायता का चयनात्मक इनकार
143. Blocking of lines of command and information
नीचे से आई सूचनाओं और ऊपर से आए आदेशों को आगे जाने से अवरुद्ध करना
144. Stalling and obstruction
काम में बाधाएँ डालना, टालना, रोकना
145. General administrative non-cooperation
सामान्य प्रशासनिक असहयोग
146. Judicial non-cooperation
न्यायिक असहयोग—न्यायाधीशों द्वारा
147. Deliberate inefficiency and selective non-cooperation by enforcement agents
प्रवर्तन एजेंटों द्वारा जानबूझकर अक्षमता और चयनात्मक असहयोग
148. Mutiny
बग़ावत/विद्रोह

Domestic governmental action
घरेलू सरकारी कार्रवाई

149. Quasi-legal evasions and delays
अर्ध क़ानूनी टाल-मटोल और विलम्ब करना

150. Non-cooperation by constituent governmental units
सरकारी घटक इकाइयों द्वारा असहयोग

International governmental action
अन्तर्राष्ट्रीय सरकारी कार्रवाई

151. Changes in diplomatic and other representation
राजनयिक और अन्य प्रतिनिधित्व में बदलाव
152. Delay and cancellation of diplomatic events
राजनयिक कार्यक्रमों में विलम्ब करना या फिर उन्हें रद्द कर देना
153. Withholding of diplomatic recognition
राजनयिक मान्यता को रोके रखना
154. Severance of diplomatic relations
राजनयिक सम्बन्धों को तोड़ देना
155. Withdrawal from international organizations
अन्तर्राष्ट्रीय संगठनों को त्याग देना
156. Refusal of membership in international bodies
अन्तर्राष्ट्रीय संगठनों में सदस्यता देने से इनकार करना
157. Expulsion from international organizations
अन्तर्राष्ट्रीय संगठनों से निष्कासन

The Methods of Non-Violent Intervention
अहिंसक हस्तक्षेप के तरीक़े

Psychological intervention
मनोवैज्ञानिक हस्तक्षेप

158. Self-exposure to the elements
तत्त्वों को आत्म-प्रदर्शन

159. The fast
अनशन
 i) Fast of moral pressure
 नैतिक दबाव डालनेवाला उपवास
 ii) Hunger strike
 भूख हड़ताल
 iii) Satyagrahic fast
 सत्याग्रही उपवास

160. Reverse trial
उलटा मुक़दमा (प्रतिवादी अनाधिकारिक रूप से 'अभियोजन पक्ष' बन जाता है)

161. Non-violent harassment
अहिंसक उत्पीड़न

Physical intervention
शारीरिक हस्तक्षेप

162. Sit-in
धरना—कार्यालय के भीतर

163. Stand-in
किसी कार्यालय या महत्त्वपूर्ण स्थान पर जमावड़ा लगाकर खड़े हो जाना

164. Ride-in
घोड़ा, गधा, बैलगाड़ी या अन्य वाहन सहित किसी कार्यालय या महत्त्वपूर्ण स्थान के भीतर चले जाना

165. Wade-in
ज़बरन घुस जाना

166. Mill-in
कारख़ानों में ज़बरन घुस जाना

167. Pray-in
महत्त्वपूर्ण स्थान या कार्यालय में प्रार्थना करना
168. Non-violent raids
अहिंसक छापे
169. Non-violent air raids
अहिंसक हवाई छापे—भोजन पैकेट या पत्रक फेंकना
170. Non-violent invasion
अहिंसक आक्रमण
171. Non-violent interjection
अहिंसक हस्तक्षेप—ख़ुद का शरीर व्यक्ति और उसके काम के बीच में लाना
172. Non-violent obstruction
अहिंसक अवरोध (आम तौर पर अस्थायी)
173. Non-violent occupation
अहिंसक क़ब्ज़ा

Social intervention
सामाजिक हस्तक्षेप

174. Establishing new social patterns
नए सामाजिक ढाँचों की स्थापना
175. Overloading of facilities
सुविधाओं का अतिभार
176. Stall-in
रोकना
177. Speak-in
बोलना-बतियाना
178. Guerrilla theatre
गुरिल्ला नाट्यशाला (तात्कालिक तुरत-फुरत नाटकीय रुकावटें)

179. Alternative social institutions
वैकल्पिक सामाजिक संस्थान
180. Alternative communication system
वैकल्पिक संचार प्रणाली

Economic intervention
आर्थिक हस्तक्षेप

181. Reverse strike
उलटी हड़ताल (अधिक काम करना, अधिक उत्पादन)
182. Stay-in strike
कार्यस्थल पर डटे रहना, हड़ताल, क़ब्ज़ा करना
183. Non-violent land seizure
अहिंसक भूमि ज़ब्ती
184. Defiance of blockades
नाकाबन्दी की अवज्ञा
185. Politically motivated counterfeiting
राजनीति प्रेरित जालसाज़ी
186. Preclusive purchasing
ख़रीदारी में रुकावट डालना
187. Seizure of assets
सम्पत्ति ज़ब्त करना
188. Dumping
माल से बाज़ार पाट देना/डंपिंग
189. Selective patronage
चयनात्मक संरक्षण
190. Alternate markets
वैकल्पिक बाज़ार
191. Alternative transportation system
वैकल्पिक परिवहन प्रणाली

192. Alternative economic institutions
वैकल्पिक आर्थिक संस्थान

Political intervention
राजनीतिक हस्तक्षेप

193. Overloading of administrative system
प्रशासनिक प्रणालियों पर अनावश्यक बोझ डालना
194. Disclosing identities of secret agents
गुप्त एजेंटों की पहचान उजागर करना
195. Seeking imprisonment
कारावास की माँग करना
196. Civil disobedience of 'neutral' laws
'तटस्थ' क़ानूनों की नागरिक अवज्ञा
197. Work-on without collaboration
बिना सहयोग लिए-दिए काम करना
198. Dual sovereignty and parallel government
दोहरी सम्प्रभुता और समानान्तर सरकार